Franz Meurer

Brandmeister Gottes

Franz Meurer

Brandmeister Gottes

Für eine Kirche, die nicht lange fackelt

HERDER

FREIBURG · BASEL · WIEN

MIX
Papier | Fördert gute Waldnutzung
FSC® C014496

www.herder.de

Satz: Carsten Klein, Torgau
Herstellung: GGP Media GmbH, Pößneck

Printed in Germany

ISBN Print 978-3-451-39728-8
ISBN E-Book (EPUB) 978-3-451-83978-8

Inhalt

Einleitung

Seit zehn Jahren mache ich kleine Sendungen im Radio, auf WDR, alle zwei Wochen freitags. Jeweils in der »katholischen Woche«, abwechselnd mit den evangelischen Sendungen. Morgens um 5:55 Uhr auf WDR 2, um 8:55 Uhr auf WDR 4. Kurz vor sechs sitzen die Hörerinnen und Hörer im Auto auf dem Weg zur Arbeit, kochen Kaffee oder rasieren sich gerade. Um kurz vor neun frühstücken dann die Rentnerinnen und Rentner sowie die Hausfrauen und -männer, die die Kinder für die Schule vorbereitet haben.

Oft gibt es Rückmeldungen, Lob wie Kritik. Besonders viel Echo hatte eine Sendung in der Corona-Zeit, am Heiligen Abend 2021. Das sagte ich:

> *Es kann nur eine geben* ist der Titel des Bestsellers von Carolin Kebekus. Kebekus ist ja längst nicht mehr nur hier in Köln eine Größe im Comedy-Fach. Aufgewachsen ist sie übrigens in einem Nachbarveedel von Köln-Vingst, wo ich Pastor bin. Aber zurück zu ihrem Buch. Was sagt sie? Eine Frau ist genug, mehr ist nicht nötig – das gilt im Karneval für das Funkenmariechen oder in Märchen für die eine Prinzessin. Carolin Kebekus kritisiert das in ihrem Buch natürlich.
> Zum ersten Mal wurde ihr das schon im Kindergarten vermittelt. Sie schreibt über das Krippenspiel in der Kita: »Ich weiß noch, mit welcher Süffisanz unsere Kindergärtnerin immer gesagt hat: ›Ich weiß schon, wer vielleicht die Maria spielen darf!‹ Wir wussten dann: ›Alles klar, da gibt es nur eine Frauenrolle. Alle anderen Rollen für die Mädchen sind die Schafe.‹« Und Kebekus

fährt fort: »Der einzige Ruhm, der mir im Krippenspiel je zuteilwurde, war, dass meine Puppe mal das Jesuskind sein durfte. Da war ich dann stolz wie eine Soccer-Mom. Und so zieht sich das dann durchs ganze Leben.«

Wie lässt sich die Enttäuschung beim Krippenspiel, von der Frau Kebekus berichtet, heute, an Heiligabend, verhindern?

Auf jeden Fall kann die Rolle der Maria unter den Mädchen ausgelost werden, die Maria sein wollen. Im Kindergarten bietet es sich an, das Krippenspiel so oft aufzuführen, bis alle interessierten Mädchen mal dran waren. Vielleicht jeden Tag als Höhepunkt vor dem Mittagessen.

Vor allem können ja weitere interessante Rollen im Krippenspiel mit Mädchen besetzt werden. So kann die Herberge, in der die Heilige Familie kein Obdach findet, doch von einer Frau gemanagt werden. Die Engel haben eh kein Geschlecht und sind gendermäßig offen.

Auch hatten wir in der Gemeinde schon Krippenspiele, in denen Maria nicht die Top-Rolle war. So etwa von dem kleinen krummen Tannenbaum, den niemand haben wollte. Aus ihm wurde die Krippe, in der das Jesuskind lag. Der scheinbar Geringste wurde zum Star. Eine wunderbare Rolle, auch für Mädchen. Oder ein Krippenspiel, in dem die Tiere sich um die Heilige Familie kümmern. Nicht nur Ochs und Esel, sondern viele Waldbewohner. Hier kann dann jedes Kind das Tier spielen, das ihm gefällt. Die Anzahl der Rollen ist nach oben offen.

Einmal wollten zwei Zwillingsmädchen bei uns unbedingt beide die Maria spielen. Was tun? Es gab zwei Spielorte rechts und links vom Altar, jeweils abwechselnd vom Scheinwerfer beleuchtet. Auf der einen

Seite der Stall in Bethlehem, auf der anderen ein Flüchtlingscontainer in Ägypten, in dem die Heilige Familie nach ihrer Flucht untergebracht ist. Die Weihnachtsgeschichte entwickelte sich dann teilweise in der Rückschau, eine Maria rechts und eine links vom Altar.

Von Herzen wünsche ich Ihnen frohe und gesegnete Weihnachtstage, vielleicht beginnend mit einem spannenden Krippenspiel heute Abend!

Eine Zuschrift zu dieser Sendung an Heiligabend hat mich besonders bewegt. Die Dame, die darin ihre Geschichte erzählt, hat mir erlaubt, sie gleich in der übernächsten Sendung mit den Hörerinnen und Hörern zu teilen:

Nicht traurig sein

Seit längerem denke ich darüber nach, was man denn tun kann, um jetzt in Corona-Zeiten nicht traurig zu werden. Viele Menschen sind ja mutlos und fragen: Wann ist das denn zu Ende mit all den Einschränkungen?

Da kam mir eine Hörerin dieser kleinen Sendung zu Hilfe. Ich habe sie gefragt, ob ich ihre Geschichte erzählen darf. Na klar, war die Antwort. Sie fängt Heiligabend an, schon mal kein schlechter Start.

Die Dame, die mir schrieb, ist jetzt 86 Jahre alt. Seit 17 Jahren ist sie Witwe. Da sie drei Kinder und sieben Enkel hat, ist sie froh und munter und auch in Corona-Zeiten zufrieden.

Das war in ihrer Kindheit anders. Sie schreibt: »Ich war nicht nur ziemlich mickrig und klein, sondern auch noch zwei Jahre jünger als meine Mitschülerinnen.« Das lag an den Ausfallzeiten im Krieg. Das Kind bestand zwar die Aufnahmeprüfung ins Gymnasium der Ordensschwestern, blieb dann aber sogleich sitzen. Das ganze Elend wurde der Dame noch einmal bewusst, als sie vor 15 Jahren einen kleinen Zettel beim Aufräumen in einem alten Buch fand. Den Zettel, gerade fünf Mal fünf Zentimeter groß, schickt sie mir zu. Darauf steht: »Du sollst an der Krippe des Weltenheilandes das Stroh sein.« Die Ordensschwester wollte gerecht sein und die Rollen beim Krippenspiel am Heiligen Abend nach dem Zufallsprinzip vergeben. Also schrieb sie die Rollen auf kleine Loszettel, warf sie in einen Topf, alle Mädchen zogen ihr Los. Die Dame zog das Stroh.

Ihr Los im wahrsten Sinne des Wortes. Sie schreibt: »Das war für mich mental der totale K.-o.-Schlag. Damit wurde vor allen dokumentiert, dass ich war, was ich spielen sollte. Stroh steht nun einmal für grenzenlose Dummheit.«

Zum Glück hat die Dame die Traurigkeit der Kindheit überwunden. Als sie mit 72 Jahren den Zettel wiederfindet, fällt ein anderes Licht auf das Stückchen Papier. Sie schreibt: »Mir wurden auf einmal auf wunderbare Weise die Augen geöffnet. Ich hatte die schönste Rolle von allen, auch schöner als die von Maria. Ich war Tag und Nacht wie niemand anders – auch nicht seine Mutter – ganz nahe beim Jesuskind in der Krippe. Ich konnte es sogar wärmen und ihm die Härte des Krippenholzes ein wenig mildern. Gibt es etwas Schöneres? Und diese innige Verbindung hat mich mein Leben lang getragen. Ich habe es nur nicht erkannt.«

Genau das wünsche ich Ihnen und mir: Im scheinbar Schlechten das Gute zu sehen, ja manchmal sogar das Wunderbare, wie die Dame, die Stroh war … Vielleicht noch: Vorgestern, am Fest Maria Lichtmess am 2. Februar, endete die Weihnachtszeit. Denken Sie dennoch ruhig ab und zu an die Dame aus Stroh.

Warum hat mich dies so bewegt?

Weil es auf den Punkt bringt, wie ich mich fühle: Nicht wie einer der drei Heiligen Könige, auch nicht wie Ochs oder Esel, schon gar nicht wie König Herodes. Sondern: wie das Stroh Gottes.

Deshalb war »Der Strohmann Gottes« mein Titelvorschlag für dieses Buch. Der Verlag jedoch fand diesen Titel zu ambivalent. Mit Recht: Einerseits deutet er zwar auf diesen Sinn des Strohs und eines Stroh entsprechenden Menschen hin: unbedeutend, dabei ganz in Funktion von einem oder etwas anderem für etwas anderes, insofern sicher oft nützlich. Andererseits ist der Strohmann eine vorgeschobene Figur, er zeigt nicht offen, wer er ist und für wen er eintritt, er täuscht also, er wird hinterhältig eingesetzt für dubiose Zwecke. Klar, so ein zweifelhafter Strohmann möchte ich nicht sein.

Der Verlag schlug stattdessen vor: »Brandmeister Gottes«. Vielleicht finden Sie das ein wenig anmaßend. Ich würde mir selbst auch nicht so einen Titel verleihen. Aber ich war aus zwei Gründen einverstanden: Erstens muss ich gar nicht selten »im Namen Gottes« Brände löschen helfen – in Konflikten, in seelischen und sozialen Notlagen, wenn Menschen vom Leben hart getroffen werden. Zweitens und unverzichtbar kommt rheinischer Humor dazu: In der Karnevalssession 2019/20 hat mich der »Kölsche Funkentöter von 1932 e. V.«, ein einst von Feuerwehrmännern am Stammtisch gegründeter Karnevalsverein, zu seinem »Ehrenbrandmeister« ernannt. Die Vereinsmitglieder setzten mir nach einer Sonntagsmesse in Köln-Höhenberg einen Helm auf den Kopf, gaben mir eine

Spritze in die Hand und stellten mich, noch im Messgewand, oben auf eine alte Feuerwehrleiter. Insofern bin ich tatsächlich ein »Brandmeister Gottes«. Ernst gemeint und ironisch zugleich. Es widerspricht keineswegs dem »Stroh-Mann«, der ich im oben beschriebenen, nicht als Täuschung gemeinten Sinn wohl auch bin, manchmal beides zugleich:

Wie das Stroh Gottes und auch wie sein Feuerwehrmann fühlte ich mich, als einmal um drei Uhr nachts das Telefon klingelte. Ist es das Krankenhaus, das zur Krankensalbung ruft? Nein, es ist die Zeitungsausträgerin, die jeden frühen Morgen in der Dunkelheit den aktuellen Lesestoff an viele Türen im Veedel (Stadtviertel) bringt. Am Anhänger hinter ihrem Fahrrad ist ein Rad abgebrochen. Sie bittet um Hilfe.

Fast fünf Stunden bin ich nun mit ihr per Auto unterwegs. Mit dem Fahrrad geht es schneller, mit dem Auto langsamer. Oft muss ich mit der eingeschalteten Warnblinkanlage mitten auf der Straße stehenbleiben, wie es ja auch die machen müssen, die die Pakete tagsüber ausliefern.

Es wird ein interessantes Praktikum bei einer Leistungsträgerin unserer Gesellschaft. Zuerst einmal bin ich stolz, dass sie mich anruft. Denn dafür bin ich doch als Mensch der Kirche da: in der Not zu helfen. Manche junge Menschen sagen ja: »Mit Kirche sehe ich scheiße aus« – Zitate darf man nicht verändern!

Die Zeitungsfrau sieht mit Kirche gut aus. Das macht mich froh.

Interessant ist, wer in unserem leider armen Veedel die Zeitung per Botin bekommt. Es sind die Menschen in den bürgerlichen Ecken des Stadtviertels, vor allem in den zwei kleinen Bereichen mit Eigenheimen. Im Hochhaus gegenüber der Kirche, das den Kirchturm überragt, sind es gerade mal zwei Abonnenten.

Eine Dame wartet am offenen Fenster auf die Zeitung. Die Botin reicht sie hoch, dann folgt ein kurzes Gespräch. Wer weiß, vielleicht ist das der wichtigste Kontakt des Tages für die alte Dame?

Eine praktische Frage treibt mich um: »Wo gehen Sie denn zur Toilette, wenn dies auf der Tour nötig wird?« Die Antwort der Zeitungsbotin: »An der Tankstelle, die kennen mich ja seit zehn Jahren.«

Das macht mich auch froh. Offensichtlich halten die Damen und Herren des Nachtdienstes der Tankstelle, die 24 Stunden geöffnet hat, und die Botin zusammen.

Ich erlaube mir am Ende der Tour die Frage: »Was verdienen Sie denn in diesem anstrengenden Job?« Es ist zum Glück kein Mini-Job. Die Botin erhält im Monat etwa elfhundert Euro, für knapp fünf Stunden an sechs Tagen in der Woche. Also ein Stundenlohn von knapp zehn Euro. Auch mit dem angehobenen Mindestlohn, den sie erhält, bleibt es knapp.

Am Ende meines Praktikums schaue ich voll Hochachtung auf die Leistung der Botin. Damit die Abonnenten beim Frühstück die druckfrische Zeitung lesen können, ist sie bei Wind und Wetter für kleines Geld unterwegs. Eine Leistungsträgerin unserer Gesellschaft. Ich hoffe, Sie sehen das auch so wie ich.

1. Geschwisterliebe

Ich bin eine Leseratte und beziehe mehrere Tages- und Wochenzeitungen. Daher war mir auch wichtig, dass die Zeitungsfrau die frischen Blätter ausliefern konnte.

Außerdem lese ich Bücher, weil ich darin oft die Motivation für mein praktisches Handeln finde. Denn die Schriftstellerinnen und Schriftsteller sind die Seismographen der Entwicklung in Gesellschaft und Politik.

Halb im Blödsinn sage ich manchmal: Das ist einer der wenigen Vorteile des Zölibats, dass ich zum Lesen komme. Denn ich bin ja nicht nur den Tag über mit vielen Menschen zusammen, sondern zu Hause auch allein. So lese ich jeden Abend im Bett vor dem Einschlafen, bis mir die Augen zufallen. Da Lesen im Liegen nicht gut klappt, habe ich mir vor Jahren ein gebrauchtes Krankenbett gekauft, an dem man den Rücken hochfahren kann, sogar elektrisch. Auch die Beine könnten hochgefahren werden, aber das mache ich nicht.

Nun könnte man ja fragen, ob mein Antrieb als Priester nicht eher aus der Bibel und dem Gebet kommen sollte als aus Zeitungen und fast ebenso flüchtigen Büchern. Das auch, und die Bibel besteht ja auch fast nur aus Geschichten. Es ist die Geschichte Gottes mit uns Menschen. Sicherlich bewegt mich besonders die Geschichte vom Menschensohn am Ende der Zeit bei Matthäus, Kapitel 25, Verse 31–46. Jesus sagt dort, er sei hungrig, durstig, nackt, krank, auf der Flucht und im Gefängnis gewesen. Dann hätten ihm die Gerechten geholfen und würden nun mit dem ewigen Heil belohnt. Doch die antworten: Haben wir doch nicht für dich getan! Wann denn auch?! Die Antwort bringt es auf den Punkt: Alles, was ihr für die Geringsten getan habt, habt ihr mir getan.

Das ist Weltliteratur. Wie auch das Gleichnis vom Barmherzigen Samariter (Lk 10,25–37). Er hilft dem von Räubern Überfallenen, der verwundet an einer Straße liegt. Priester und Levit, deren Job dies eigentlich ist, gehen vorüber. Nach dem Motto der drei Affen: Nichts sehen, nichts hören, nichts sagen.

Gottes aktuelle Geschichten mit Menschen

Natürlich müssen die Geschichten der Bibel auch in die heutige Zeit übersetzt werden. Nackt heißt ja wohl nicht »puddelrüh«, wie wir Kölschen sagen, also splitterfasernackt, ganz ohne Kleidung. Sondern wohl eher: abgelehnt, weggestoßen. Ein Fremdwort kennen schon die Kindergartenkinder: Mobbing. Ihnen erkläre ich die Worte Jesu so: Wenn du zu jemandem sagst: »Hau ab, du stinkst, du spielst nicht mit«, ist das wie der Tod mitten im Leben. Wenn du aber zu jemandem sagst: »Komm her, mach mit, hier ist der Ball«, dann ist das der Himmel mitten im Leben. Das versteht jedes Kind. Denn am wichtigsten ist: dazugehören, Freundinnen und Freunde haben.

Wir haben im Basement unserer Kirche zwei Kleiderkammern, eine für Kindersachen und eine für Erwachsene; Bekleidung gibt es also. »Nackt« heißt in unserem Veedel für ein Kind aber auch: Ich habe kein Fahrrad. So verschenken wir dauernd Fahrräder, die wir gebraucht geschenkt bekommen und die gute Menschen unter der Kirche in Stand setzen. Jedes Jahr mehr als 1000 Stück. »Nackt« heißt auch, keinen schönen Schulranzen zu haben und dafür ausgelacht zu werden. Kinder können sehr empathisch, aber auch brutal sein. So verschenken wir dank guter Menschen jedes Jahr über 300 nagelneue Ranzen. Die Pänz, wie wir in Köln die Kinder nennen, strahlen vor Glück. Wenn ich Besuchergruppen das Basement der Kirche mit Lebensmittelausgabe, Fahrradwerkstatt, Schreinerei und Kleiderkammern zeige, frage ich sie, wie viel wohl so ein Schulranzen mit Inhalt (Sportbeutel, Mäppchen) kosten würde, dann wissen die richtige Antwort immer die Omas und Opas, die gerade für die Enkel einen gekauft haben: gut 250 Euro. Alle andern tippen zumeist nur auf ein Drittel: 80 Euro. Und wundern sich, wie teuer Kinder sind.

Bevor ich Ihnen zwei Bücher vorstelle, die mich bewegt und auch in der Arbeit geprägt haben, noch etwas zur Geschichte vom Menschensohn Jesus am Ende der Zeit: »Ich war im Gefängnis, ihr habt mich besucht«, sagt Jesus. Natürlich kann man das so verstehen, dass damit heute gemeint ist, einen Besuchsdienst für Gefängnisinsassen zu organisieren. Doch darüber hinaus meint es für mich auch, sich denen zuzuwenden, die in Depression versinken, einen Burn-out erleben oder ans Bett gefesselt sind: alle seelisch oder körperlich gefangen. Gerade bei älteren Menschen erlebe ich oft, dass sie nach einem Sturz nicht nur orthopädische Hilfe benötigen, sondern auch viel menschliche Zuwendung, damit sie nicht depressiv werden. Statistiken melden, dass diese Gefahr bei zwei Dritteln der Gestürzten besteht.

Also dringe ich bei Besuchen älterer Menschen darauf, Teppiche im Flur oder Bettläufer zu entfernen – manchmal darf ich sie auch direkt mitnehmen. Mir ist das sehr wichtig, denn ich bekomme häufig mit, dass alte Menschen alleine in der Wohnung stürzen und lange liegen, bis es jemand merkt; oft nicht nur lange, sondern viel zu lange. Also fordere ich auch dringend dazu auf, einen Piepser zu bestellen, der mit einer Notrufzentrale verbindet. Am besten mit einem Zusatzgerät, auf das man jeden Morgen drücken muss mit der Botschaft: Ich lebe, mir geht es gut!

Der kleine Bruder, die kleine Schwester

Nun endlich zu den zwei Büchern, die ich mit Heißhunger verschlungen habe. Sie schildern, wie Kinder im Gefängnis einer Krankheit und ihrer Familie leben. Was es mit ihnen macht, wie sie damit zurechtkommen.

Eine halbe Million junger Menschen in Deutschland kümmert sich um kranke Mitglieder der Familie. Sie verstecken die Schnapsflasche der Mutter, sie begleiten den Vater mit Schlaganfall zum Arzt. Sie kochen für die Familie, erziehen die Geschwister. Dass sie das kann, hat die Dreizehnjährige bewiesen, die nach dem Flugzeugabsturz in Kolumbien wochenlang ihre drei jüngeren Geschwister mitten im Urwald am Leben hielt. So geschehen im Frühsommer 2023.

Das Fachwort für die jugendlichen Kümmerer heißt *Young Carers*. Oft holen sie keine Hilfe von außerhalb, weil sie befürchten, dass das Jugendamt vielleicht der überforderten Mutter die Kinder wegnimmt. Zum Glück gerät die Not der jungen Versorger immer mehr in den Blick und es gibt erste spezielle Beratungsstellen. Auch Lehrerinnen und Lehrer sehen hin, wenn Schülerinnen und Schüler immer müde sind. Sechs Prozent der Kinder pflegen ein krankes Familienmitglied, also in jeder Klasse eins oder zwei.

Von diesem Thema handeln die beiden Bücher.

Das Buch *S'adapter* der französischen Autorin Clara Dupont-Monod heißt in der deutschen Ausgabe *Brüderchen* (Verlag Piper, München 2023). In Frankreich war es viele Monate auf der Liste der Bestseller und erhielt Preise. Das erzählt es: In den Cevennen kommt ein Kind zur Welt. Es kann weder laufen noch sprechen, nur weinen und das Gesicht verziehen. Es ist blind. Der große Bruder nimmt sich des Brüderchens an, widmet Leben und Gefühle ganz dem kleineren. Er gibt alles. Brüderchen kann riechen und hören, also trägt der Größere ihn in den Wald, so oft er kann. Er schenkt ihm so viel Liebe, dass sie für ein ganzes Leben reichen würde. Als der kleine Bruder schließlich wegen der Pflege doch zu Nonnen in ein Heim muss und dort stirbt, hat der große Bruder in ihn all seine Liebe investiert, er ist nun leer, er kann keinen anderen Menschen mehr lieben. Der französische Titel meint genau das: *s'adapter*, sich anpassen. Voll und ganz.

Völlig anders die Schwester. Sie schaut voll Wut auf das Brüderchen, aber später hilft sie dem großen Bruder durch das Leben. Das Buch ist große Literatur, also kein bisschen moralisch.

Genauso das Erstlingswerk von Caroline Wahl, *22 Bahnen* (Verlag Dumont, Köln 2023). Die Mutter ist Alkoholikerin, der Vater vor der Geburt von Ida auf und davon. Die große Schwester Tilda kümmert sich um die kleine Ida, zehn Jahre lang. Die Schwestern gehen ins Schwimmbad, um eine Pause vom Stress zu haben. Daher der Titel: *22 Bahnen*.

In beiden Büchern geht es um die Frage, wie viel man investieren muss oder soll. Tilda verlässt ihre Schwester mit der alkoholkranken Mutter, als sie elf Jahre alt ist. Die große Schwester hat ein Angebot zur Promotion in Mathematik in Berlin bekommen. Sie weiß, dass ihre kleine Schwester es nun alleine schafft. Wunderbar ist die zarte Liebesgeschichte im Buch. Die große Schwester hat nicht nur gegeben, sondern auch empfangen.

Auch im Brüderchen-Buch wendet sich das Blatt. Die Eltern bekommen ein viertes Kind, Zitat: »als Ausgleich für den vorigen«. Die wütende Schwester findet einen guten Mann, der sie von ihren inneren Fesseln erlöst.

Gottes Geschichte mit Menschen fortgeschrieben

In meiner Sicht werden heute die zentralen Themen des Lebens in Film und Literatur verarbeitet und natürlich auch in der bildenden Kunst. Wie die Bibel bieten sie keine einfachen Lösungen, sondern bringen die Irrungen und Wirrungen des Menschseins aufs Blatt oder ins Bild oder in eine Form.

Die beiden Bücher helfen mir einzuschätzen, welche Gefühle mich bewegen, wenn ich der Not begegne. Ich entdecke in mir zum Glück auch die wütende Schwester des behinderten Kindes. Normales Leben erfährt sie nur, wenn die Oma für sie da ist.

Ich spüre in mir auch den großen Bruder. Er gibt alles und bezahlt den Preis dafür – der ist hoch. Zum Glück hält seine Schwester zu ihm.

Etwa zur gleichen Zeit, als ich das Buch über Tilda und Ida las, geschah auch die wahre Geschichte der vier Kinder, die im Urwald in Kolumbien überlebt haben, weil die große Schwester sich zu kümmern wusste. *Young Carer* im Weltformat. Diese *real story* hat mir die Sorge um die kleine Ida genommen, die ich bei der Lektüre verspürte.

Anders als der große Bruder in *S'adapter* muss sich Tilda nicht ganz und gar, mit Haut und Haar der kleinen Ida anpassen. Beide schenken sich die Freiheit, die sie brauchen.

Und die Moral von den Geschichten: Meinen Spirit, meinen Antrieb sauge ich nicht nur aus der Bibel und den Heiligengeschichten der Tradition – das auch –, immer mehr sind mir aktuelle Bücher wichtig geworden, nicht nur Romane und »schöne Literatur«, sondern auch Werke der Soziologie und andere Sachbücher.

2. Zum Glück

Die ersten beiden Sätze des *Katechismus der Katholischen Kirche* (Verlag De Gruyter Oldenbourg, Berlin, München, aktualisierte Ausgabe 2020) machen glücklich: »Gott ist in sich vollkommen und glücklich. In einem aus reiner Güte gefassten Ratschluss hat er den Menschen aus freiem Willen erschaffen, damit dieser an seinem glückseligen Leben teilhabe.« Was will man mehr?! Der erste Abschnitt des Katechismus bekräftigt dann das Glück noch einmal, wenn es gilt, Gottes »glückliches Leben zu erben«.

Nun ist es nicht so, dass sich alle Menschen glücklich fühlen, wenn sie den Katechismus aufschlagen. Eher denken sie an Verbote. Zum Glück verändert sich nach und nach auch der Inhalt des Katechismus. So hat Papst Benedikt XVI. im Jahr 2007 den »Limbus« abgeschafft, also die Vorstellung, dass ungetaufte Kinder nicht in den Himmel kommen, sondern in den Limbus, eine Art von Extra-Kabinett außerhalb. Das Problem war hier die kirchliche Vorstellung, dass es ohne Taufe keine Erlösung gäbe: *extra ecclesiam nulla salus*, außerhalb der Kirche kein Heil – auch nicht für die kleinen, zumindest in unseren Augen doch unschuldigen Kinder.

»Der Herr selbst sagt, dass die Taufe heilsnotwendig ist«, steht unter der Nummer 1257 im heute gültigen Katechismus von 1993. Ein paar Abschnitte weiter, in 1261, wird immerhin als vage Hoffnung auf die Barmherzigkeit Gottes und Jesu Liebe zu den Kindern – also ohne solch klare Lehraussage wie im Satz von der Notwendigkeit – noch in Aussicht gestellt, »dass es für die ohne Taufe gestorbenen Kinder einen Heilsweg gibt«. Ich vermute, der liebe Gott kennt noch mehr Wege und hat noch mehr Möglichkeiten als der Katechismus, obwohl der in 2865 Lehrabschnitten schon sehr viele Wegweiser, Fahrregeln und Verbotsschilder aufstellt, damit Menschen sicher ans glückliche Ziel kommen.

Für Gott ist nichts unmöglich

Thomas von Aquin, der große Theologe des Mittelalters, fand keine Antwort auf dieses Problem: Ein Kind wird in der Wüste geboren. Es gibt kein Wasser. Früher Kindstod. Was kann man machen, damit das Kind in den Himmel kommt? Thomas resignierte vor der Logik: kein Wasser, keine Taufe, kein Himmel. Er sah keinen Ausweg.

Unseren Kommunionkindern habe ich das Problem geschildert. Sie fanden spontan eine Lösung, die den Himmel öffnete: »Dann kann man doch mit Spucke taufen!« Also ewiges Glück durch einfaches Denken. Der heilige Thomas, dessen Herz zwar auch gegen seine traurige Schlussfolgerung rebellierte, war wahrscheinlich zu intellektuell, um auch einmal auf die Logik des Herzens zu hören. Dabei, das beweisen unsere Kommunionkinder, kann das ganz schön schlau sein.

Noch komplizierter macht es der Katechismus bei der Frage, ob denn Menschen anderer Religionen auch das ewige Glück, den Himmel erreichen können.

Im Abschnitt 1260 heißt es: »Jeder Mensch, der ohne das Evangelium Christi und seine Kirche zu kennen nach der Wahrheit sucht und den Willen Gottes tut, soweit er ihn kennt, kann gerettet werden. Man darf annehmen, dass solche Menschen ausdrücklich die Taufe gewünscht hätten, falls ihnen deren Notwendigkeit bewusst gewesen wäre.«

Reichlich verschwurbelt. »Hätte, hätte Fahrradkette«.

Im Koran wird die Frage, warum Allah denn verschiedene Religionen auf Erden zugelassen habe, damit die Menschen ihr

Glück finden, einfacher erklärt: damit die Religionen in guter Konkurrenz nach dem Heil streben. Also sozusagen religiöse Marktwirtschaft!

Was macht glücklich?

Buddha sagt: »Das Glück liegt in uns, nicht in den Dingen.« Dies wissen die Schriftstellerinnen und Schriftsteller, dies schildern die Märchen.

Heinrich Böll erzählt eine kleine Geschichte: Das Boot des Fischers (zuerst im Norddeutschen Rundfunk zum Tag der Arbeit 1963, publiziert unter dem Titel *Anekdote zur Senkung der Arbeitsmoral*, in: Robert C. Conrad (Hg.), *Heinrich Böll. Kölner Ausgabe*. Bd. 12, Köln 2008):

Am Strand in Italien sitzt ein Fischer und ruht sich nach der Arbeit aus. Ein Tourist kommt vorbei und macht ihm Vorschläge für ein glückliches Leben. Damit er nicht mehr so schwer arbeiten muss und reich wird. Also: zuerst ein größeres Boot kaufen, dann Mitarbeiter einstellen, zur Hochseefischerei übergehen, eine Fischfabrik einrichten, schließlich eine Fangflotte betreiben. Dann, so sagt der Ratgeber, arbeiten die andern. »Und du kannst am Meer sitzen und ausspannen.« Da sagt der Fischer: »Das mache ich doch jetzt auch schon.«

Was macht glücklich, Haben oder Sein? Die philosophische Grundfrage verbirgt sich hinter Bölls kleiner Geschichte. Schon bei Aristoteles gibt es eine Pyramide des Glücks. Unten stehen Essen, Trinken, Kleidung, Wohnung. Darüber Kultur. Und ganz oben: etwas Sinnvolles tun. Es ist eben sinnvoll, sich nach getaner Arbeit auszuruhen.

Für Kinder kommt etwas ganz Wichtiges an die oberste Stelle: Freundschaft. Mindestens dazugehören, Teil der Gemeinschaft sein. Gemobbt werden und ausgeschlossen sein ist umgekehrt für sie das Schlimmste.

Sind wir Erwachsene da viel anders? Das große, das himmelhochjauchzende Glück hat sehr romantisch der Dichter Joseph von Eichendorff (1788–1857) in Verse gefasst. Obwohl wir nicht mehr in der Epoche der Romantik leben, aber recht viele immerhin in der Deutsche-Schlager-Welt, verstehen Sie sicher auch aus der historischen Distanz, was da los ist:

Der Glückliche

Ich hab ein Liebchen lieb recht von Herzen,
Hellfrische Augen hats wie zwei Kerzen,
Und wo sie spielend streifen das Feld,
Ach, wie so lustig glänzet die Welt!

Wie in der Waldnacht zwischen den Schlüften
Plötzlich die Täler sonnig sich klüften,
Funkeln die Ströme, rauscht himmelwärts
Blühende Wildnis – so ist mein Herz!

Wie vom Gebirge ins Meer zu schauen,
Wie wenn der Seefalk, hangend im Blauen,
Zuruft der dämmernden Erd, wo sie blieb? –
So unermeßlich ist rechte Lieb!

Kennen Sie dieses Glück?! Wie bei den Kindern weiß ich andererseits keine unglücklicheren Erwachsenen als die, deren Liebe und Wunsch nach Nähe und Miteinander ins Leere läuft, sei es durch Zurückweisung, Betrug oder auch Trennung, weil die Beziehung gescheitert ist oder durch den Tod des geliebten Menschen endet.

Heinrich Böll hatte Glück mitten in großem Unglück. Gegen Ende des Zweiten Weltkrieges war er Soldat, seine Ehefrau war in Much im Bergischen Land untergekommen auf der Flucht aus dem zerbombten Köln. Sie gebar ein Kind, Christoph. Leider starb der Sohn nach drei Monaten, weil es keine Medikamente für ihn gab.

Böll versuchte natürlich, Frau und Sohn zu besuchen. Er fälschte sogar einen Urlaubsschein des Militärs. Ein andermal half ein Arzt im Krankenhaus zu Much mit einem Attest. Eine Begebenheit hat mich besonders berührt: Als Böll mit der Eisenbahn nicht mehr weiterkam auf dem Weg zu Frau und Kind, hat ihm ein ihm völlig unbekannter Polizist sein Fahrrad geliehen, einfach so auf Treu und Glauben, dass er es zurückbringt.

Mitten im Krieg solche Großherzigkeit und solches Vertrauen! Vielleicht solches Glück gerade in der Not – weil dann die Menschen zusammenhalten. Frage an mich und an Sie: Würde ich einem Wildfremden mein Rad ausleihen? Oder das Auto?

Dem Glück den Weg frei machen – oder es verspielen

Im August 2023 ging es durch die Medien: Unfall auf der A1 bei Wuppertal. Die Autofahrer haben eine Rettungsgasse gebildet. Der Krankenwagen mit den Rettungssanitäter:innen fährt durch, der Notarzt noch nicht. Die Autos verschließen die Gasse wieder. Der Notarztwagen kommt an, aber nicht durch. Doch der Arzt ist schlau. An einem Auto hängt hinten ein Fahrrad. Der Arzt bittet darum, es ihm auszuleihen. Er bekommt es und radelt mit dem fünfzehn Kilo schweren Arztrucksack auf seinem Rücken los. Die Autofahrer bemerken dies und bilden erneut eine Gasse, sodass der Notarzt wieder ins Auto umsteigen kann.

Doppeltes Glück im Unglück in dieser schönen wahren Geschichte!

Wie man sein Glück verspielt, zeigt ein Märchen der Gebrüder Grimm:

Ein Fischer lebt mit seiner Gattin in einer winzigen Hütte, so armselig, dass sie »Pissput« genannt wird. Der Mann fängt einen Fisch, der ein verwunschener Prinz ist und der ihn bittet, ihn leben zu lassen. Der Fischer schenkt dem Butt das Leben. Er erzählt es seiner Frau. Die ist sauer. »Warum hast du nicht gegen das Leben vom Butt eine Gegenleistung verlangt?! Also geh ans Meer und erbitte uns wenigstens ein kleines Haus!« Gesagt, getan. Der Fischer geht ans Meer und ruft den Butt mit dem berühmten Spruch:

»Manntje, Manntje, Timpe Te,
Buttje, Buttje in der See,
mine Fru, de Ilsebill,
will nich so, as ick wol will.«

Der Butt erfüllt den Wunsch. Doch die Frau ist mit dem Haus nicht zufrieden. Nacheinander fordert sie ein Schloss, dann will sie König sein, dann Kaiser, danach Papst. Wäre jetzt Schluss, gäbe es tatsächlich eine Frau auf dem Papstthron. Doch es reicht ihr noch immer nicht: Sie will sein wie Gott. Wie erfüllt der Zauberfisch diesen Wunsch? Der Fischer und seine Frau sitzen wieder in ihrem armseligen Pissput.

Und die Moral von der Geschichte: Gier macht nicht glücklich.

Das erzählt auch, leichter als die Geschichte vom Fischer und seiner nörgelnden Frau, ein anderes von Grimms Märchen: »Hans im Glück« erhält als Lohn für jahrelange Arbeit einen Klumpen Gold. Den tauscht er, immer wieder über den Tisch gezogen, aber doch immer gewiss, etwas noch Besseres zu erhalten, gegen ein Pferd ein, das gegen eine Kuh, die gegen ein Schwein, das gegen eine Gans, die gegen einen Mühl- und einen Feldstein, die ihm beim Wassertrinken in den Brunnen fallen. Da fühlt sich Hans »wie ein Sonntagskind«. Von der Schlepperei befreit ist er endlich glücklich und geht nach Hause.

Klar, das ist ein Märchen, und fast jeder Hans und jede Hanna muss lernen, sich den Lebensunterhalt mit Mühe zu verdienen. Aber das Glück besitzt man »weder im Gold noch im Schwein noch im Stein«, hat der Philosoph Herbert Marcuse gesagt. Und Jesus sagt ähnlich: »Sammelt euch nicht Schätze hier auf der Erde, wo Motte und Wurm sie zerstören und wo Diebe einbrechen und sie stehlen, sondern sammelt euch Schätze im Himmel« (Mt 6,19–20). Das federleichte Glücksgefühl des Hans steckt in diesem Spruch: »Seht euch die Vögel des Himmels an: Sie säen nicht, sie ernten nicht und sammeln keine Vorräte in Scheunen; euer himmlischer Vater ernährt sie« (Mt 6,26).

Sie aber »säen und ernten«, arbeiten jeden Tag? Ein »Sonntagskind« können Sie ja trotzdem sein: Das Glück kommt nicht aus dem, was Sie erwerben und besitzen, sondern aus unbeschwerter Freiheit, die irgendwie der Himmel schenkt und fliegen lässt wie die »Vögel des Himmels«. Manchmal tun's auch Schmetterlinge im Bauch.

Glücksmomente wie Sommersprossen

Ich erinnere mich an die Werbetexte vor einigen Jahren: »Geiz ist geil« und »Mein Haus, mein Auto, mein Boot«. Das ist zum Glück Vergangenheit. Wie sich Wünsche positiv erzählen lassen, zeigen Kinderbücher.

Da ist zum einen die elfbändige Kinderbuchreihe von Paul Maar über das SAMS (Verlag Oetinger, Hamburg). Eine Gestalt mit Rüsselnase, roten Haaren und Froschfüßen. Jeden Tag wächst es so viel wie ein Kind in einem Jahr und hört mit acht Jahren damit auf. Auf der Nase hat das SAMS Wunschpunkte. Sein Freund, der Herr Taschenbier, kann sie für Wünsche einsetzen; bei schwierigen Wünschen braucht es mehrere Punkte. Manche Wünsche klappen nicht. Für Kinder ein Vergnügen!

Ebenso vergnüglich ist das Buch des Zeichners Janosch, *Oh wie schön ist Panama* (Verlag Beltz & Gelberg, Weinheim, erste Auflage 1978, jetzt in der 55. Auflage von 2022). Der kleine Tiger und der kleine Bär brechen auf in ihr Traumland Panama. Nach langer Reise kommen sie dort an und schlafen müde ein. Am nächsten Morgen entdecken sie, wo sie sind: zu Hause! Die Geschichte von Janosch und dem häuslichen Glück erfreut Kinder im Kindergarten oder der Grundschule.

Glück ist aber auch ein richtiges Schulfach geworden, zuerst in Heidelberg im Jahr 2007. Dort hatte der Pädagoge und Schulleiter Ernst Fritz-Schubert die Idee, Persönlichkeitsentwicklung und Gemeinschaftserfahrung zu verbinden, Selbstmanagement und Verantwortung. In mehr als 100 Schulen in Deutschland, Österreich, Italien und der Schweiz gibt es mittlerweile das Schulfach Glück.

So läuft es in einer Schule in Bergisch Gladbach, ganz in meiner Nähe. In der Kollegschule hat das Fach Religion eine solche Entwicklung zum »Glück« erfahren. Zu Beginn jeder Stunde eine stille Meditation von vier Minuten. Zuerst fanden die Schülerinnen und Schüler das komisch, bald waren sie süchtig danach. Es gibt, verbunden mit dem Unterrichtsfach, verschiedene Formen gemeinschaftlicher Erlebnisse: Kanu fahren, Boxtraining, demnächst ist Wasserskifahren geplant. So ähnlich wie wir es in unserer Kinder- und Jugendstadt Hö-Vi-Land in den Sommerferien machen. Auch »zum Glück« zu moderaten Preisen für Kanus und Wasserski.

Begeistert hat mich der Bericht von einer Wanderung gleich in der zweiten Stunde. Los ging es von der Schule und dann den Weg bis zum Kölner Dom, 15 Kilometer. Der *Hike*, wie es in cooler Sprache heißt, geschah in strömendem Regen. Sechs Stunden lang. Aber alle waren glücklich und ausgelassen vor Freude. Als die Schule wegen Corona geschlossen war, hat die Lehrerin den Schülerinnen und Schülern die Aufgabe gegeben, Augenblicke des Glücks zu fotografieren. Sie schickten Bilder von der Familie, Gesprächen per Video mit den Freundinnen, Spaziergänge in der Natur. Glücksmomente eben.

Zum Glück Philosophie

Wie gut Glück als Schulfach ist, hab' ich kapiert durch einen Satz des Dalai Lama: »Wenn Kinder in das System Schule kommen, wird nicht viel über die Werte der Menschlichkeit gesprochen. Sie lernen, sich auf materielle Werte zu fokussieren, während ihre inneren Werte verkümmern.« Katharina Blum, die Schulleiterin in Bergisch Gladbach, sagt zu den Erfahrungen mit der Neuausrichtung des Schulfachs Religion: »Unsere Schüler öffnen sich mehr, sind engagierter und fehlen seltener.« Eine Lehrerin an der Kollegschule sagt: »Die Schüler beginnen an sich selbst zu glauben.« Offensichtlich erfahren sie Selbstwirksamkeit durch Erlebnisse in Gemeinschaft.

Brutaler als der Dalai Lama urteilt der Philosoph Peter Sloterdijk über die Schule. In seinem Buch mit dem Titel *Du musst dein Leben ändern* (Verlag Suhrkamp, Berlin 2012), einem Rilke-Zitat, beschreibt er die Geistesgeschichte Europas als Trainingsgeschichte. Trainer sind die Dirigentinnen, die Professoren, die Sporttrainerinnen, und eben auch die Lehrer. Die Schule versage, weil die Lehrerinnen und Lehrer keine Vorbilder seien. Ohne Vorbilder sei »üben, üben, üben« nicht vermittelbar. Ohne üben dann aber auch keine reifen Persönlichkeiten.

Vielleicht mag den Philosophen versöhnen, dass sich auch in den Grundschulen Philosophie einwurzelt.

Eine Grundschule im Schwarzwald hat 2020 als eine von sechs Schulen den Deutschen Schulpreis erhalten für ihr Konzept der »Philosophierenden Grundschule«. Die Schule liegt im Dorf Schuttertal nahe der französischen Grenze im Ortenaukreis in Baden-Württemberg und folgt der Montessori-Pädagogik. Maria Montessori hat ja den wunderbaren Grundsatz erfunden: »Hilf mir, es selbst zu tun«. So sagte auch die damalige Rektorin Susanne Junker, die das Konzept mit entwickelt und umgesetzt hatte: »Wir versuchen, jedes Kind einzeln zu sehen und ihm die Möglichkeit zu geben, die Lerninhalte mitzubestimmen.« In ihrem Konzept erläutert die Schule: »Kinder sind genaue Beobachter. Sie stellen sich Fragen über die Welt und das Leben. Sie wundern sich über Zusammenhänge, die für die Erwachsenen scheinbar selbstverständlich sind.« Also philosophieren die Kinder gemeinsam mit ihren Lehrerinnen und Lehrern in Gesprächsrunden und Projekten über Fragen wie »Wer bin ich?«, »Wie wäre es, wenn ich ein anderer Mensch wäre?«, »Warum gab es einen Urknall?«, »Wie entstand eigentlich Gott?« und

»Wann bin ich frei?«. Wenn sie anfangen, darüber zu reden, setzen sie sich dabei nicht selten gegenseitig in Erstaunen ob der vielen Blickwinkel und Erkenntnisse. »Es geht dabei um das Philosophieren als Kulturtechnik: selbst denken lernen.«

Genau das ist ja Philosophieren: selber nachdenken und Fragen stellen. Der römische Dichter Horaz brachte es vor gut zweitausend Jahren in zwei Wörtern auf den Punkt: *Sapere aude*, Wage es, weise zu sein! Immanuel Kant folgt dem und formulierte vor gut zweihundert Jahren den Grundsatz der Epoche der Aufklärung: »Habe Mut, dich deines eigenen Verstandes zu bedienen.«

Damit das in der prämierten Grundschule in Schuttertal auch gelingt, hängen an der Tafel zwei Regeln des Philosophierens: Alle Gedanken sind möglich. Und: Wenn einer spricht, hören die andern zu. Die Fragen, die in den Philosophiestunden erörtert werden, sind für alle in einer Vitrine zu lesen. Da steht dann unter anderem: »Was sind Freunde?«, »Gibt es eine perfekte Natur?«, »Haben Tiere eine Seele?«.

Das sind natürlich auch Fragen, die uns Erwachsene interessieren. Vor allem die nach der Natur und dem Verhältnis zwischen Kosmos, Erde, Pflanzen, Tieren, Menschen. Und die von Philosophen und Theologen derzeit intensiv erforscht werden. Papst Franziskus hat in seinem Schreiben »Laudato si'« aus christlicher Sicht die Richtung sehr deutlich markiert: Wir Menschen sind nur Teil der Schöpfung und unser Verhältnis zur Natur sollten wir verbessern. In Münster gibt es gar einen Lehrstuhl für die Theologie der Tiere.

Ich finde, die Kinder in Schuttertal sind ein Vorbild, die Lehrerinnen und Lehrer dort natürlich auch. *Sapere aude*: Machen wir es wie die Kinder und haben wir mit Immanuel Kant den Mut, uns unseres Verstandes zu bedienen und zu philosophieren!

Glück auf!

Am Turm der Jesuitenkirche St. Peter in Köln ist oben eine Leuchtschrift angebracht, zum Nach-Denken: *Don't worry. Be happy*, geht einem beim Lesen sofort durch den Kopf. Sozusagen der erste Satz des Katechismus in moderner Form: Gott will, dass wir an seiner Glückseligkeit teilnehmen.

Noch besser gefällt mir der Gruß der Bergleute: »Glück auf!« Dabei geht es zunächst natürlich ganz real darum, aus der Unterwelt wieder unversehrt nach oben zu kommen ins Sonnenlicht. Aber zugleich erscheint am Horizont die Verbindung von Himmel und Erde: Es liegt nicht nur am Können und Wollen der Kumpel, an ihren Fähigkeiten und ihrer Solidarität – sie passen aufeinander auf –, sondern auch in Gottes Hand, wie alles ausgeht. Für Schutz sorgt ja traditionsgemäß die Heilige Barbara. Ihre Statue wacht aktuell auch an den Einfahrten des neuen Brenner Basistunnels über die gefährdeten Menschen bei den Bauarbeiten. Der Tunnel, 55 Kilometer lang durch das Bergmassiv zwischen dem österreichischen Innsbruck und dem italienischen Franzensfeste/Fortezza, wird – vielleicht – 2032 eröffnet. Da kann noch einiges passieren. »Glück auf!«

Was befördert das Lebensglück besonders?

Hierzu hatte die Wochenzeitung *DIE ZEIT* schon im Jahr 2009 ein Dossier (16.04.2009, S. 31): Wann sind die Menschen besonders gesund und glücklich? Die Antworten kurz zusammengefasst: Acht Prozent glücklicher als der Durchschnitt sind Menschen, die eine gute Ehe führen – kommt ja auch noch vor! Vierzehn Prozent gesünder als der Durchschnitt ist man, wenn man im Leben guten Kontakt zur Familie und den Geschwistern hält – also gemeinsam Weihnachten feiert, sich besucht, vielleicht sogar zusammen in Ferien fährt.

Jetz kütt et, sagt der Kölsche, nun kommt es: 34 Prozent glücklicher als der Durchschnitt sind die, welche in einer guten Nachbarschaft leben! *Neighbourhood does matter!* »Gute Nachbarn« meint zuerst natürlich die Menschen, die ganz real nebenan oder drunter oder drüber wohnen und zu denen ein lebendiger, freundschaftlicher und hilfsbereiter Kontakt besteht. Gute Nachbarn im weiteren Sinn können aber auch die Leute im Veedel sein, im Wohnviertel oder auch im Dorf.

Während der Corona-Pandemie kamen diese kleinen Freundschaften in der Nähe in den Blick. Bücher erschienen darüber, wie sie die Psyche stabilisieren und das Lebensglück ein wenig befördern.

Es geht um die freundlichen Begegnungen im Alltag. Klassisches Beispiel ist die Scheibe Fleischwurst, die das Kind an der Fleischtheke erhält, wenn es Vater oder Mutter beim Einkaufen begleitet. Kaum jemand registriert das als Ausdruck von Schleichwerbung, sondern wir empfinden dies als Geste der Freundlichkeit. Diese Gesten machen etwas aus!

Die Frauen und Männer, die im Supermarkt an der Kasse sitzen, werden darin trainiert, die Kundinnen und Kunden mit einem freundlichen Gruß zu verabschieden. Eine Geste der Höflichkeit. Wenn noch die Regale mit Süßigkeiten direkt vor der Kasse verschwänden, würde das nicht nur Eltern erfreuen. Quengelnde Kinder machen niemanden glücklich.

Die englischen Wörter *Give away* und *Hand-out* meinen die Kugelschreiber oder Tempotaschentücher, die wir in der Apotheke oder beim Friseur erhalten. Was früher die Rabattmarken waren, sind heute Bonuspunkte und Payback-Karten. Klar, da geht es um Kundenbindung, aber eben auch um ein kleines Zeichen der Verbundenheit. Im Kern um die Erfahrung: Ich gehöre dazu. Eine wunderbare und naheliegende Erfahrungswelt von Zugehörigkeit ist eine lebendige Nachbarschaft. Mit dem Glück geht es darin aufwärts.

Entwicklung – zum Glück

Zurück zum Katechismus. Absolut nicht mehr dazugehören zur Gemeinschaft von Menschen manifestiert sich in der Todesstrafe. Auch im Gefängnis als Strafvollzug ist das Schwerwiegende, einerseits in eine Zelle *ein*geschlossen und andererseits – vielleicht noch mehr – von der Welt und freien Kontakten *aus*geschlossen zu sein. Zugehörigkeit beschränkt sich dort wesentlich auf den Raum und die Menschen zwischen Mauern und verschlossenen Toren.

Im Katechismus von 1993 ist die Rede von der »überlieferten Lehre der Kirche«, die der »gesetzmäßigen öffentlichen Gewalt« das Recht und die Pflicht zuerkennt, »der Schwere des Verbrechens angemessene Strafen zu verhängen, ohne in schwerwiegendsten Fällen die Todesstrafe auszuschließen« (Abschnitt 2266). Schon damals ist an den Formulierungen »überlieferte Lehre«, »schwerwiegendst« und »ohne auszuschließen« zu spüren, wie schwer sich die verfassenden Theologen mit der Todesstrafe tun. Papst Franziskus hat dann klare Kante gezeigt, als er im Jahr 2018 die Todesstrafe für die Kirche als nicht mehr akzeptabel ablehnte. »Im Licht des Evangeliums« lehrt die Kirche nun, »dass die Todesstrafe unzulässig ist, weil sie gegen die Unantastbarkeit und Würde der Person verstößt.« Von nun an setze sie sich in der ganzen Welt für deren Abschaffung ein. Ich denke, fast jede Christin und jeder Christ sieht diese noch neue Aussage in vollem Einklang mit der Schöpfungsordnung und der Menschenwürde, die ausnahmslos allen von Gott her als seinen Ebenbildern verliehen ist.

Ähnliches bewegt sich auch in der Lehre vom »gerechten Krieg«. Wenn es wie in Abschnitt 1 des Katechismus formuliert der Sinn des Lebens der Menschen ist, Gottes glückseliges Leben zu erben, stehen dem die Todesstrafe genauso wie Kriegsgräuel entgegen, um es zurückhaltend zu formulieren.

Von Konfuzius ist das Wort überliefert: »Wer ständig glücklich sein will, muss sich oft verändern.« So entwickelt sich auch der Katechismus, langsam aber sicher. Niemand ist immer glücklich mit diesem Kompendium kirchlicher Lehre, aber es verändert sich, zum Glück! Denn seine *ultima ratio*, sein eigentliches Ziel ist das Heil der Seelen, *salus animorum*, man könnte auch sagen: das »Alles-wird-gut« mit den Menschen und der ganzen Schöpfung. So schließt der Katechismus in seinem letzten Abschnitt 2548, wie er anfing, mit dem Blick auf das Glück: »Das Verlangen nach dem wahren Glück befreit den Menschen von maßloser Anhänglichkeit an die Güter dieser Welt und findet seine Erfüllung in der Schau und der Seligkeit Gottes.«

In diesem Buch will ich versuchen, mich dem Glück hier und da zu nähern, oder wenigstens ein paar brauchbare Wegweiser aufzustellen, an denen man in Richtung des großen Ziels abbiegen könnte. Zuerst im Bereich des Gesellschaftlichen, Politischen und Wirtschaftlichen, dann in dem von Kirche und Gemeinde. Beides gehört ja zusammen.

3. Signale von der Ahr

In einem Haus in der Eifel drei Kilometer oberhalb des Ahrtales können Jugendgruppen oder Familien unentgeltlich Wochenenden verbringen. Für die Kosten sorgt unsere Stiftung von den Gemeinden Höhenberg und Vingst. Besonders schön finden die Kindergartenkinder die Zeit dort: Sie sehen Kühe und lernen, woher die Milch kommt. Vor den riesigen Traktoren sehen sie aus wie Zwerge.

Nach der schrecklichen Ahrflut konnte ich nicht persönlich zum Schlammschaufeln hinfahren, weil die Arbeit hier in Köln mich ausfüllt. Mitglieder unseres Pfarrgemeinderates und Kirchenvorstandes haben geschaufelt. Ich konnte Gelder weiterleiten, die gute Menschen mir anvertrauten, weil sie wussten, dass wir Kontakte zur Ahr haben. Ein junger Mann aus unserer Gemeinde hier in Köln fuhr Tankwagen mit Wasser und Diesel zu den Menschen in Not.

Es gab im Katastrophengebiet kein Trinkwasser, aus den Wasserkränen auch in den Orten oberhalb des Ahrflusses kam nur dreckige Brühe. Also kaufte ich Sprudelwasser, verpackte die Flaschen gut und schickte sie als Paket los. Was ich erwartet hatte: Die Post funktionierte perfekt!

Auf der Fahrt zu unserem Haus schaute ich mir jetzt an, wie es in Ahrweiler inzwischen, zwei Jahre nach der Flut, aussieht. Ziemlich gut. In der großen Fußgängerzone wird zwar noch hier und da renoviert, doch Gäste sind wieder sehr herzlich willkommen.

Der Eingang zur Kirche aus dem 13. Jahrhundert ist allerdings versperrt, obwohl die Türen weit offenstehen, um frische Luft hereinzulassen. Bei der Flut 2021 stand sie anderthalb Meter unter Wasser. Der Fußboden ist herausgerissen, auf dem sandigen Boden stehen Stühle ganz unterschiedlicher Art. Ich frage später im Ort nach: Ja, als die Kirchenbänke herausgenommen wurden, brachten die Menschen einfach Stühle mit, die sie erübrigen konnten.

Von der Tür aus entdecke ich links an einer Säule eine Schrift, in bunten großen Buchstaben aufgeklebt: »Der Weg der Kirche ist der Mensch.« Da ich vermute, dass es von einem Papst formuliert wurde, aber den Autor von meinem Standpunkt aus nicht sehen kann, hebe ich den Bauzaun aus dem Betonklotz und husche kurz in die Kirche. Ja, Papst Johannes Paul I. hat es gesagt, nicht der zweite. Jetzt sehe ich auch einen weiteren Satz, von Papst Franziskus: »Du bist eine Mission auf dieser Erde.«

Welche Mission, welche Botschaft nehme ich mit? Diese: Ich sollte das Meine tun, damit sich eine Katastrophe wie an der Ahr nicht wiederholt. Also fahre ich in der Stadt Köln mit dem Fahrrad. Ich fliege nicht mehr, ich versuche Strom und Heizung zu sparen. Das kenne ich schon aus der Kinderzeit – damals wollten wir allerdings Geld sparen, ans Klima haben wir nicht gedacht.

Auch wenn wir in Köln nicht gefährdet sind, wie die Menschen an der Ahr es waren: Zusammenhalten ist wohl das Wichtigste in der Not.

Im Grunde gut

Das ist ja auch unser Prinzip in der Gemeinde und im Wohnviertel. Es funktioniert, ich habe es schon öfter beschrieben. In meinem Buch *Waffeln, Brot und Gottes Glanz* (Verlag Herder, Freiburg 2021) sogar mit dem Recherchebeweis des niederländischen Journalisten Rutger Bregman. Kurze Wiederholung, weil wichtig ist, was er sagt: In seinem Buch *Im Grunde gut* (Verlag Rowohlt, Hamburg 2020) weist er nach, dass wir Menschen grundsätzlich zum Guten fähig und sogar disponiert sind.

Anders als William Golding in seiner berühmten Erzählung *Herr der Fliegen* von 1954 (Taschenbuch im Verlag Fischer, Berlin), die spannend, aber reine Fiktion ist, berichtet Bregmann eine Geschichte, die tatsächlich stattgefunden hat. Golding lässt einige englische Internatsschüler auf einer sonst menschenleeren Insel sich zu Horrorwesen entwickeln, sich sogar gegenseitig umbringen. Denn: »Der Mensch ist des Menschen Wolf« (Thomas Hobbes, 17. Jahrhundert). Stimmt das?

Bregmann weiß vom Gegenteil: 1977 fahren sechs gelangweilte Jungen auf der Insel Tonga in der Südsee mit einem »geliehenen« Fischerboot raus aufs Meer: ein bisschen Abenteuer. Sie geraten in ein Unwetter und stranden auf der einsamen Insel Ata. 16 Monate müssen sie da alleine ausharren. Wie? Sie halten zusammen. Sie legen einen Gemüsegarten an, fangen Fische, entfachen mit einem Stück Holz, das sie fest in trockenem Gras reiben, Feuer. Einer bricht sich das Bein, die anderen schienen es. Das gefällt mir besonders gut: Wenn die Jungen Streit miteinander haben, gehen die Kontrahenten auf die entgegengesetzten Seiten der kleinen Insel und warten, bis der Ärger verraucht ist. Dann kommen sie wieder zusammen und suchen gemeinsam eine Lösung. »Im Grunde gut«!

Die Quintessenz dieser Story Bregmanns lautet einfach: Kooperation statt Konkurrenz und Feindschaft. Mit diesem Leitmotiv kommt man viel weiter. Ich bin ganz seiner Meinung.

Nur Kooperation rettet das Klima

Das beweist nicht nur die Geschichte auf der kleinen Insel, das beweisen im Alltag die vielen Mitmacher:innen in unserer Kirchengemeinde und im Veedel. Und das haben auch die Menschen an der Ahr und die Solidarität, die aus ganz Deutschland bei ihnen tat- und finanzkräftig ankam, bewiesen.

Vielleicht ist das manchen zu viel »Kleinklein«: ein Inselchen in der Südsee, ein Veedel in Köln und ein Flüsschen in der Eifel. Ich sehe das anders: In allen drei Beispielen beweist solidarische Subsidiarität, die gemeinsame Initiative von unten her, ihre Kraft und Effizienz. Besonders an der Ahr waren Nachbarschaftshilfe und Solidarität aus der Breite der Gesellschaft schneller und wirksamer als staatliche Hilfen und Behörden. Die braucht es natürlich auch. Aber ohne die Menschen »unten« an der Basis, ohne ihre Fähigkeiten, ihre spontane Mitmenschlichkeit und ihren Willen zur Kooperation wären Chaos und Not noch viel größer gewesen.

Die Katastrophe an der Ahr war ein zweifacher Wink mit dem Zaunpfahl.

Der eine: Fast alle wissenschaftlichen Analysen sagen, dass die Flut von 2021 in Rheinland-Pfalz und Nordrhein-Westfalen die Vorhut war von dem, was der Klimawandel an Extremwetterereignissen immer häufiger bringen wird. 2023 kam über weite Teile Europas und die Nordhalbkugel der Erde ein nie dagewesener Hitzesommer mit vielen Bränden im Rund um das Mittelmeer und in Kanada; in Indien und auf den Philippinen gab es erst Hitze und danach Überschwemmungen. Der Juli 2023 war global der wärmste jemals gemessene Monat. Das heißt: Der Klimawandel ist nicht mehr nur These oder Prognose. Er ist da.

Der andere Wink: Das trotz aller wissenschaftlichen Voraussagen von Extremwetterereignissen überraschende Unheil an der Ahr hat gezeigt, wie man der Katastrophe am besten begegnet: durch solidarische Kooperation. Möglichst bald. Denn wir wissen jetzt alle, dass wir beim Klimawandel buchstäblich vor die Wellen – die aus Hitze und Wasser – kommen müssen, um zu bestehen.

Sollten Sie keine Privatinsel besitzen, die hoch genug aus dem Meer ragt, ist es ratsam, sich solidarischer Kooperation anzuschließen.

Wenn nicht nur die düsteren, sondern auch die hellen Prognosen der Wissenschaft stimmen – mich überzeugt Ernst Ulrich von Weizsäcker, der in seinem Buch *So reicht das nicht* (Verlag Bonifatius, Paderborn 2022) sowohl die negativen Entwicklungen als auch die notwendigen Handlungsmöglichkeiten genau aufzeigt –, dann hat die Menschheitsfamilie es immer noch in der Hand, das Schlimmste abzuwenden. Das ist großartig!

Wie kann das gehen?

Zumindest in der neuzeitlichen Geschichte der Erde gab es bisher wohl kein anderes Problem, das so sehr wie die Ausbremsung des Klimawandels solidarisches Zusammenwirken weltweit verlangt: von jedem Einzelnen, von Gruppen, übergeordneten Einheiten, Institutionen, Staaten und internationalen Zusammenschlüssen. Es braucht die Rentnerin, die auf weitere Kreuzfahrten im Mittelmeer verzichtet, und die UN-Klimakonferenzen mit verbindlichen Verträgen zwischen den Staaten der Erde. Es braucht meine kürzere Duschzeit am Morgen sowie die emissionsfreie Stahlproduktion von Thyssenkrupp in Essen. Den Verzicht der Konsumenten in Europa auf frisches Flug-Obst aus Südamerika und ein pragmatisches, sozial abgefedertes »Heizungsgesetz« der Bundesregierung, das die vielen Einzelnen aus Einsicht akzeptieren und umsetzen. Es braucht CO_2-reduzierte Automotoren der Industrie und langsames Fahren, auch (noch) ohne gesetzliches Tempolimit. Und vieles mehr.

Klar ist: Ohne Verzicht wird es nicht gehen. Das ist kein Grund für Trübsal. Verzicht kann auch ein großer Gewinn sein. Ein erträgliches Erdenklima für alle wäre der Hauptgewinn.

Glücklich mit der Hälfte

Wir könnten glücklich leben mit dem halben Konsum von heute, sagt die Wirtschaftsjournalistin Ulrike Herrmann in ihrem Bestseller *Das Ende des Kapitalismus* (Verlag Kiepenheuer & Witsch, Köln 2022).

Im Jahr 1978 betrug der Konsum in Deutschland fünfzig Prozent vom Verbrauch heute. Wenn ich mich erinnere: Es war damals, in den siebziger Jahren, anders, aber es war (auch) schön. Als wir Abitur gemacht hatten, kauften wir zu dritt für hundertfünfzig Mark ein gebrauchtes Käfer-Cabrio, spritzten das Auto gelb und fuhren mit einem 25 PS-Motor über die Alpen nach Italien.

Nie hätte ich damals gedacht, dass ich einmal mit dem Flugzeug fliegen würde. Jetzt mache ich es nicht mehr wegen des Klimas. Wobei ich bei der Hauptthese des Buches von Ulrike Herrmann wäre, die schon im Untertitel auftaucht: »Warum Wachstum und Klimaschutz nicht vereinbar sind – und wie wir in Zukunft leben werden«.

Sie macht deutlich, dass es in einer endlichen Welt kein unendliches Wachstum geben kann. Doch braucht der Kapitalismus, um zu funktionieren, dieses Wachstum Jahr für Jahr. Für die Journalistin geht es also klar um die Frage: Wie kann der Kapitalismus zurückgebaut werden, damit uns die Treibhausgase nicht umbringen?

Dass dies klappen kann, zeigt sie am Beispiel der britischen Kriegswirtschaft im Zweiten Weltkrieg. Die Briten hatten den Krieg nicht wirklich erwartet und mussten innerhalb kürzester Zeit aufrüsten. Also verringerten sie die Herstellung von Konsumgütern um mehr als 30 Prozent, um stattdessen militärische Produkte zu bauen. Die Fabriken blieben weiter in privater Hand, der Staat bestimmte aber, was produziert wurde. Konsumgüter wurden für die Bevölkerung rationiert. Arbeitskräfte, die wegen der Einberufungen zum Militärdienst knapp waren, wurden vom Staat nach Bedarf von Kriegswirtschaft und allgemeiner Grundversorgung den Fabriken zugeteilt. Also eine Art von Planwirtschaft ohne Verstaatlichung. Die Bevölkerung war zum Verzicht bereit, weil es um die Existenz des Landes ging.

Ulrike Herrmann sagt: Um der Klimakatastrophe ausreichend zu begegnen, müsste man den Konsum in Industrieländern wie Deutschland in ähnlich radikaler Weise reduzieren. Sie rechnet vor, dass wir dies auch könnten, und zwar ohne uns groß zu sorgen. Denn selbst wenn wir unseren Wohlstand halbieren würden, läge er immer noch auf dem Niveau von 1978. Das wäre für viele ein Einschnitt, aber kein bedrohliches Problem. Denn schlecht war die Konsumsituation in dieser Zeit für die allermeisten nicht.

So lautet Herrmanns Fazit: »Das Ziel wäre eine Kreislaufwirtschaft, in der nur noch so viel produziert wird, wie sich recyclen lässt. Trotzdem wäre diese klimaneutrale Welt nicht statisch. Technische Innovation wäre weiterhin dringend erwünscht. (…) Es käme auch wieder zu Wachstum, wenn auch auf niedrigem Niveau. So paradox es ist: Zunächst muss die Wirtschaft schrumpfen, bevor sie wieder expandieren darf« (S. 255).

Das wäre verkraftbar. Ohne Verzicht geht es nun mal nicht. Wenn es heute doch um die Existenz der Ökosysteme, der

Artenvielfalt und des Menschen geht! Wenn wir unsere Emissionen nicht senken, so Ulrike Herrmann, werden wir nicht überleben, jedenfalls unsere Enkel nicht.

Die Einwände gegen staatlich gesteuerte und einschränkende Klima- und Wirtschaftspolitik sind bekannt und spielen auch in den internen Auseinandersetzungen unserer Regierungskoalition eine große Rolle. Eher liberale Wirtschaftswissenschaftler:innen meinen, dass gerade die freie Marktwirtschaft zu Innovationen fähig ist und dadurch neue Produkte das Klima weniger belasten. Aber vielfach wird beim jetzigen Stand der Forschung und wegen der Zeitspanne, die uns noch bleibt, bezweifelt, ob die technisch und wirtschaftlich umsetzbaren Innovationen ausreichend, rechtzeitig und auch finanzierbar sein werden.

Papst Franziskus jedenfalls liegt mit seiner ökologischen Enzyklika *Laudato si'* von 2015 auf der Linie von Frau Herrmann: Ohne Verzicht klappt es nicht. Er schreibt: »Die menschliche Freiheit ist in der Lage, die Technik zu beschränken, sie zu lenken und in den Dienst einer anderen Art des Fortschritts zu stellen, der gesünder, menschlicher, sozialer und ganzheitlicher ist.« (Nr. 112)

Und: »Der Rhythmus des Konsums, der Verschwendung und der Veränderung der Umwelt hat die Kapazität des Planeten derart überschritten, dass der gegenwärtige Lebensstil, da er unhaltbar ist, nur in Katastrophen enden kann, wie es bereits periodisch in verschiedenen Regionen geschieht.« (Nr. 161)

Und auch das noch: »Was gerade vor sich geht, stellt uns vor die Dringlichkeit, in einer mutigen kulturellen Revolution voranzuschreiten. Wissenschaft und Technologie sind nicht neutral, sondern können vom Anfang bis zum Ende eines Prozesses verschiedene Absichten und Möglichkeiten enthalten und sich auf verschiedene Weise gestalten. Niemand verlangt, in die Zeit der Höhlenmenschen zurückzukehren, es ist aber unerlässlich, einen kleineren Gang einzulegen, um die Wirklichkeit auf andere Weise zu betrachten, die positiven und nachhaltigen Fortschritte zu sammeln und zugleich die Werte und die großen Ziele wiederzugewinnen, die durch einen hemmungslosen Größenwahn vernichtet wurden.« (Nr. 114)

Schaffen wir das?

Mehr Miteinander!

Große Sympathien hege ich für die vielen jungen Leute in der Bewegung »Fridays for future« (aber nicht für einige einseitig propalästinensische, teils antisemitische Kommentare aus der leider nicht demokratisch strukturierten internationalen Bewegung nach dem Hamas-Überfall auf Israel im Oktober 2023), und ich hoffe, sie finden Aktionsformen und weiterhin die Motivation in sich, Gesellschaft und Politik anzutreiben im Bemühen gegen den Klimawandel. Wir Älteren demonstrieren vielleicht nicht mehr so gerne auf der Straße – aber wir können als Alte die Jungen auf der Straße auch auf andere Weise »begleiten«! Das geht finanziell mit Beiträgen für Klimaprojekte, das geht mit Gesprächen in Familien und Seniorenclubs, das geht vor allem mit eigenem Verhalten im Energie- und Güterverbrauch. Rentnerinnen und Rentner, Omas und Opas haben in unserer Demokratie Macht: Nutzen wir sie nach unseren Möglichkeiten zur Unterstützung der engagierten Jugend!

Was die aggressivere »Letzte Generation« angeht, kann ich die jungen Menschen darin gut verstehen: Seit 50 Jahren haben wir Informationen über den Klimawandel, so lange schon ist viel zu wenig passiert. Die notwendigen privaten, gesellschaftlichen, wirtschaftlichen und politischen Änderungsprozesse wurden oft verschoben, blieben unerfüllte Ankündigungen – oder die menschengemachte Klimaveränderung wird sogar immer noch geleugnet. Manchen Leuten mit ihrer Hand fest vor den Augen hilft auch kein Wink mit dem Zaunpfahl von der Ahr. Die »Letzte Generation« hat also das Recht, ungeduldig zu werden. Das ist nicht kriminell. Skeptisch bin ich allerdings, was die positive Wirkung ihrer Störaktionen angeht. Ja, sie rütteln auf. Sie provozieren aber auch viel Zorn, Wut, emotionale und manchmal sogar handgreifliche Abwehr. Der Klimawandel macht aber viel mehr breite Kooperation nötig, nicht mehr Konfrontation. Siehe oben.

Wir brauchen doch das Mitmachen von möglichst allen im Einsatz für das Klima der Erde. Wir brauchen ein solidarisches Klima. Also viele Aktionen, die die Einzelnen motivieren und unterstützen in ihrem kleinteiligen Bemühen. Die einladen zum Mitmachen bei etwas, das die Menschen begreifen und gemeinsam leisten können und im notwendigen Verzicht auch den Gewinn und den Spaß am Erreichten erleben lässt – zum Beispiel Gemeinschaftsgärten, gemeinsame Energieprojekte in Dörfern und Stadtvierteln, Carsharing, direkte Verbindungen zwischen Konsumenten und Ökobauern, Eigentümer- und Mietergemeinschaften zur Begrünung von Dächern, Höfen und Straßenwüsten, CO_2-neutrale Veranstaltungen in Kirchengemeinden, Sport, Kinderfreizeiten, Jugendclubs, Seniorentreffs … Ein fröhlicher Wettbewerb könnte das werden.

Kein schlechtes Leben, sondern ein anderes. Erinnern wir uns an 1978.

4. Die Übersehenen

Während ich im Herbst 2023 diese Zeilen zu Papier bringe, gewinnt die AfD in Landtagswahlen und Umfragen immer mehr an Zuspruch von Bürgerinnen und Bürgern. Manchmal denke ich sogar: Wie gut, dass wir in unserem armen Stadtteil einen Stimmbezirk mit nur neun Prozent Wahlbeteiligung haben. Der gesamte Wahlbezirk kommt auf rund dreißig Prozent. Wenn die Menschen, die in prekären Lebenssituationen feststecken, wählen gingen, würden dann nicht viele von ihnen bei der AfD ihr Kreuz machen?!

Schon in *Glaube, Gott und Currywurst* (Verlag Herder, Freiburg 2020) habe ich geschrieben, wie sehr mich das Buch des französischen Philosophieprofessors Didier Eribon beeindruckt hat: »Rückkehr nach Reims« (Verlag Suhrkamp, Berlin 2016; das Buch hat mehr als zwanzig Auflagen erreicht). Warum? Eribon hat mir mit seinem autobiografischen, politischen, soziologischen, psychologischen, philosophischen und auch noch poetischen Buch geholfen zu verstehen, warum viele aus der Arbeiterklasse Frankreichs, die früher selbstverständlich die Kommunisten und die Sozialisten wählten, nun Marine Le Pen und ihrer rechten »Rassemblement National« ihre Stimme geben.

Warum bei uns auch viele der Arbeiter:innen, Ärmeren und Armen, die früher selbstverständlich und stolz SPD – oder nach 1989 im Osten Deutschlands auch PDS – gewählt haben, nach rechts, zur zunehmend rechtsextremen AfD geschwenkt sind, hat wohl ähnliche Gründe wie die Entwicklung in Frankreich.

Eribon wuchs in Reims auf, in einer Arbeiterfamilie, am Rand des Existenzminimums. Natürlich wählen sie, wie die

Nachbarn und Arbeitskollegen, die kommunistische Partei. Eribon, der Junge, unterscheidet sich in zwei Dingen von den anderen: Er ist homosexuell, und er geht als einziger zum Gymnasium – beides macht ihn zum Außenseiter. Also zieht er so bald wie möglich nach Paris, studiert, macht Karriere, sucht die persönliche Befreiung, ein autonomes Leben. Er schließt mit seiner Herkunft ab, eignet sich die Kultur der akademischen Klasse in Paris an – und besucht dreißig lange Jahre seine Familie nicht mehr. Zur Beerdigung seines Vaters fährt er nicht, sieht weder Mutter noch Brüder. Das war, schreibt Eribon, der größte Fehler seines Lebens. Er hat seine Herkunft und seine Klasse verraten.

Endlich macht er einen Besuch zu Hause. Und trifft da auf Menschen, denen jede Chance auf ein autonomes Leben verwehrt blieb. Sie alle wählen Le Pen. Die kommunistische Partei spielt im Milieu fast keine Rolle mehr.

»Wer erfüllt heute die Funktion, die damals ›die Partei‹ innehatte? Von wem dürfen sich die Ausgebeuteten und Schutzlosen heute vertreten und verstanden fühlen? An wen wenden und auf wen stützen sie sich, um politisch und kulturell zu existieren, um Stolz und Selbstachtung zu empfinden, weil sie sich legitim, da von einer Machtinstanz legitimiert, fühlen?« (S. 39)

Viele Menschen in prekären, also unsicheren Lebensverhältnissen fühlen sich vergessen. Meinen, niemand nähme sie zur Kenntnis. Dann wählen sie in Frankreich Le Pen, weil sie sich im rechten Lager irgendwie beachtet fühlen und als Franzosen aufgewertet. In Deutschland erfüllt das die AfD.

Die Aufgabe für die demokratischen Parteien ist klar: Sie sollten die Lebenssituation der »Kleinen Leute« in den Blick nehmen. Auch ihnen die Chance vermitteln, als autonome Subjekte ein gutes Leben führen zu können. Das ist nicht nur eine Frage sozialpolitischer Geldverteilung. Sondern auch eine der Kenntnis ihrer Sprache, Gefühle, Kultur. Des Respekts. Wer vertritt, im demokratischen Spektrum, die Kleinen und Abgehängten?

5. Rheinisch miteinander leben und wirtschaften

Mit 17 Jahren bin ich in die CDU eingetreten. Und zwar wegen der CDA, der Christlich Demokratischen Arbeitnehmerschaft. Mein Vater war aktiv in der KAB, der Katholischen Arbeitnehmerbewegung. Damals dachte noch niemand daran, die Arbeitnehmerinnen mit zu nennen. Beeindruckt haben mich die Märtyrer der KAB im Dritten Reich. Besonders Nikolaus Groß, Vater von fünf Kindern. Sein Abschiedsbrief an seine Familie vor seiner Ermordung hängt in der Krypta der Kirche St. Agnes in Köln, meiner ersten Kaplanstelle ab 1978. Zwei seiner Kinder habe ich dort kennen gelernt.

Die Christliche Soziallehre und später der Rheinische Kapitalismus haben mich also interessiert. So habe ich im Studium dafür gesorgt, dass ich alle theologischen Hauptseminarscheine nach vier Semestern zusammen hatte, um in den nächsten vier Semestern neben dem Studium der Theologie in Freiburg noch das Diplom für Christliche Sozialwissenschaften und Sozialarbeit machen zu können. Damals war das Studium ganz anders organisiert als heute, es war frei planbar! Freiheit war auch die Überschrift im Collegium Albertinum in Bonn, wo die Priesteramtskandidaten gemeinsam lebten. »Selbstverantwortung« war angesagt. So setzte sich fort, was ich schon vor dem Studium erfahren hatte: Kirche ist der Ort der Freiheit! Es wehte natürlich noch der frische Wind des Konzils, als ich 1971 mit dem Theologiestudium begann. Vorher hatte ich in Köln zwei Semester Jura studiert und wollte Rechtsanwalt werden. Das Fach interessierte mich und ich kam gut voran; dann drängte es mich doch zur Theologie. In Freiburg war drei Jahre später Sozialrecht Teil des Studiums und ich konnte von den zwei Semestern Jurastudium profitieren. Bis heute hilft mir das juristische Denken zu sortieren, Schritt für Schritt: Ist es verjährt, liegt ein Schaden vor, gibt es Täterin oder Täter, geht es um Verbotsirrtum … In der Theologie habe ich dann gelernt, dass man Lebensfragen auch anders angehen kann, als nach Tatbeständen zu fragen. Die Sozialwissenschaften brachten mir schließlich soziologische und psychologische Kenntnisse.

Im Folgenden sattle ich das Pferd von hinten auf: Ich blicke von heute zurück. Frage also, was der Papst wohl meint, wenn er sagt: »Diese Wirtschaft tötet«. Ich frage mich auch mit Ulrike Herrmann, wie es mit dem Kapitalismus weitergehen kann. Und versuche zu erklären, was »Rheinischer Kapitalismus« ist. Danach gehe ich auf zentrale Begriffe der Christlichen Soziallehre ein wie Subsidiarität, Solidarität, Gemeinwohl oder Arbeit.

Umdenken, um anders zu handeln

Es ist mittlerweile klar: In einer endlichen Welt kann es kein unendliches Wachstum geben. Aber Wachstum setzt der Kapitalismus voraus, sonst implodiert er.

Die These der Ulrike Herrmann: Wir könnten glücklich leben mit dem halben Konsum von heute. Der Klimawandel ist der Anlass für sie wie für viele andere, über das Wirtschaftssystem und systemkonforme oder -ablösende Alternativen nachzudenken. Er zwingt uns, die große Weltgemeinschaft, kritisch über die gesamte Ökonomie nachzudenken, Ressourcennutzung, Produktion und Konsum zu hinterfragen als Konsequenz auch Alternativen im System und zum System des modernen Kapitalismus zu entwickeln.

Papst Franziskus plädiert in seiner ökologisch-sozialen Enzyklika *Laudato si'* von 2015 ebenfalls für Konsumverzicht, für eine »mutige kulturelle Revolution«, und er meint damit weltweit radikale Umstellungen in der Wirtschaft, im Ressourcenverbrauch und in den Lebensstilen der Industrieländer, oder positiv gesagt: Er schlägt die Umgestaltung der Welt nach sozialen, ökologischen und gerechten Zielen vor.

Woher nimmt der Papst seine Kompetenz in Wirtschaftsfragen? Nimmt er nicht den Mund zu voll?! Sollte er nicht bescheidener sein? Schuster, bleib bei deinen Leisten! Das apostolische Schreiben des Papstes *Evangelium gaudium* (*Freude am Evangelium*) von 2013 hat manchen Lesern nicht nur Freude gemacht. Der Satz »Diese Wirtschaft tötet« stieß gerade bei Unternehmer:innen und Wirtschaftswissenschaftler:innen auf energische Kritik.

Inzwischen ist mancher Ärger verraucht. Immerhin hat der Text 180 Seiten, es war ja eine Art Regierungserklärung des noch neuen Papstes. Wenn man genauer liest, entdeckt man differenzierte Aussagen zu einer Wirtschaft, die tötet, und einer, die allen Menschen nützt und das Zusammenleben fördert.

In seinem Kapitel zur Wirtschaft formuliert Franziskus ein vierfaches Nein:

- Nein zu einer Wirtschaft der Ausschließung.
- Nein zu einer Vergötterung des Geldes.
- Nein zu einem Geld, das regiert, statt zu dienen.
- Nein zur sozialen Ungleichheit, die Gewalt hervorbringt.

Der Papst verurteilt also einen Kapitalismus, der das Ziel aus den Augen verliert, den Menschen zu dienen. Auf einen Satz gebracht, könnte man sein Anliegen so formulieren: Die Wirtschaft ist für die Menschen da, nicht die Menschen für die Wirtschaft.

Oft zitiert wurde das drastische Bild des Papstes, dass es keine Nachricht wert ist, wenn ein Obdachloser erfriert, während es Schlagzeilen macht, wenn der Börsenkurs um zwei Punkte sinkt. Der Papst packt seine Worte nicht in Watte, er will aufrütteln. Und er vereinfacht Probleme, wenn er etwa schreibt, es sei nicht mehr zu tolerieren, dass Nahrungsmittel weggeworfen werden, während woanders Menschen hungern.

Den nackten, radikalen Kapitalismus hat der Papst in seinem Heimatland Argentinien kennengelernt. Dessen Folgen beschreibt er so: Argentinien könnte aufgrund der Segnung mit fruchtbaren Böden 300 Millionen Menschen gut ernähren. Es hat 40,5 Millionen Einwohner, doch die Hälfte der Menschen lebt in Armut. Der Papst hat erlebt, wie Großgrundbesitzer die Äcker der armen Kleinbauern zerstören. Er kämpft gegen eine Wirtschaft der Rücksichtslosigkeit. Das ist die eine Seite in seinem Schreiben. Die andere ist die Hochachtung des Papstes vor dem Unternehmer, der sein Wirtschaften im Dienst der Menschen versteht. Eine soziale Marktwirtschaft ist ganz im Sinne des Papstes.

Natürlich ist er kein Kommunist, denn er weiß, was Totalitarismus, gleich welcher Art, anrichtet. Knapp formuliert wird man den Papst als »Rheinischen Kapitalisten« bezeichnen können.

Bescheidenheit oder Klugheit? Oder doch beides?

Bevor ich erkläre, was Rheinischer Kapitalismus ist, eine wichtige Frage: Wer hat recht, der Papst oder meine Oma?

Meine Oma hatte den Grundsatz: Wir sind arme Leute, also dürfen wir nichts Billiges kaufen! Der Papst sagt bei einer Ansprache im Sommer 2013 vor sechstausend Priesterstudenten in Rom: »Es tut mir weh, wenn ich einen Priester oder eine Nonne in einem nagelneuen Auto oder auf einem nagelneuen Motorroller sehe. So etwas geht nicht!« Wer von den beiden hat nun recht? Hoffentlich beide!

Meine Oma wusste: Billige Schuhe sind bald kaputt. Also lohnt sich die Anschaffung nicht, das Billige ist eben doch zu teuer. Und es war bei vielen Kindern in einer Familie klar: Wenn das eine rauswächst, kann das nächstkleinere Kind die Sachen weitertragen. Das galt nicht nur für Hosen oder Kleider, sondern auch für Schuhe, für Sportschuhe allemal. Natürlich hatten wir Kinder daran nicht nur Freude, aber wir nahmen es klaglos hin.

Das hätte dem Papst gefallen, denn von ihm wird berichtet, dass er seine Bischofskleidung nicht neu kaufte, sondern das alte Ornat eines Vorgängers auftrug. Auch trägt er seine alten Schuhe auf, bis es nicht mehr geht. Also meint der Papst: Priester oder Nonnen sollen bescheiden leben und nicht mit nagelneuen Autos protzen! So weit, so gut.

Wir in unserer Gemeinde kaufen allerdings neue Autos, und zwar Kleinbusse. Wir haben sogar einen neuen Transporter, mit dem wir vier Menschen in Rollstühlen zugleich transportieren können. Getreu einem weiteren Grundsatz meiner Oma: Wo es arm ist, darf es nicht ärmlich sein! Unsere Kleinbusse sind ja für alle da. So können die Gruppen Ausflüge machen. Auch fahren wir Senioren zur Bank und zum Einkaufen. Mit alten Autos wäre dies ungleich teurer, denn es ist immer etwas kaputt.

Ich denke, dies würde auch Papst Franziskus überzeugen. Wenn die Autos für die Gemeinschaft nützlich sind, dürfen sie auch neu sein. Persönlich fuhr ich lange einen Opel Kadett, bis er zweiundzwanzig Jahre alt war. Das ist zwar wirtschaftlich betrachtet wenig sinnvoll, weil eben oft etwas kaputt ist, und ökologisch auch nicht mehr zu vertreten. Aber ich hing an dem Teil! So erlaubte ich mir den Luxus eines alten Autos. Ich weiß: weder klug noch bescheiden!

Noch eine Frage zu Papst Franziskus: Ist denn der Papst bescheiden?

Sicherlich in seinem Lebensstil, weniger in seinem Anspruch. Vom Lebensstil sind viele Menschen beeindruckt: die alten Schuhe, die abgewetzte Aktentasche, das Brustkreuz aus Blech. Er wohnt im Gästehaus, nicht in den Papstgemächern. Doch dies sieht er nicht als Ausdruck von Bescheidenheit, sondern von Geselligkeit. Er braucht Menschen um sich, er will nicht als einsamer Junggeselle versauern. Vor Weihnachten hat er vier Obdachlose eingeladen zum Mittagessen mit ihm. Die Nacht zuvor hatten die vier unter den Kolonaden des Petersplatzes verbracht. Sich dem zuzuwenden, was vor seinen Fenstern geschieht, ist eher klug als bescheiden; so bekommt der Papst etwas davon mit, was Obdachlosigkeit bedeutet. Jede Nacht in der Winterszeit schickt er ein Auto mit einem Fahrer und vier Schweizergardisten zur Rundfahrt durch die Stadt Rom los. Nicht aus Gründen der Sicherheit, damit die Gardisten nach Ganoven Ausschau halten, sondern damit sie Obdachlosen und Menschen in Not helfen. Die Männer aus der Schweizergarde sprechen vier verschiedene Sprachen und können damit Menschen aus vielen Nationen beistehen.

Gar nicht bescheiden sind auch Geschenke des Papstes. Jede Woche, so wird berichtet, schickt er an hundert Pfarrer seines Bistums Rom Geld, jeweils bis zu tausend Euro. Damit sollen sie Flüchtlinge und Arme unterstützen. Es ist wie »Anfüttern«. Die Pfarrer sollen Appetit auf Caritas bekommen.

Natürlich setzt er seine Pfarrer als Bischof von Rom so unter Druck, gewissermaßen sagt er mit jeder Überweisung nachdrücklich: Macht weiter so, Teilen macht froh.

Der Papst ist schlau, er weiß, was Marketing ist. Beim Angelus-Gebet auf dem Petersplatz hat er einmal allen Mitbetern ein Medikament verordnet und sogleich geschenkt. 25.000 Arzneischachteln mit der Aufschrift »Misericordia« verteilten Ordensschwestern in der Menge auf dem Petersplatz. In jeder Schachtel war ein kleiner Rosenkranz. Die Botschaft: Beten ohne tätige Liebe ist kein gutes Medikament. *Misericordia*, also Mitgefühl, Barmherzigkeit, ist die wahre Arznei, um selber gesund zu bleiben oder es zu werden.

Der Papst macht Druck, recht wenig bescheiden. Er verteilt nicht Heiligenbildchen oder Rosenkränze ohne Botschaft. Beim Weltjugendtag in Rio de Janeiro fasste er seinen Anspruch knapp zusammen: »Geht raus, habt keine Angst und dient!«. Der Weltjugendtag 2023 in Portugal nimmt diesen Gedanken in seinem Motto wieder auf: »Maria stand auf und machte sich eilends auf den Weg«. Franziskus hatte kurz nach seiner Papstwahl ja auch gesagt: »Brecht auf, mietet eine Garage und macht dort etwas, was den Menschen nützt!«. Das passt genau zu dem, was der Grund war, dass sich vor bald zweitausend Jahren die Gemeinden schnell entwickelten.

Dem gehen die Forschungen des Bonner Theologieprofessors Georg Schöllgen nach. Er hat untersucht, warum die junge Kirche neue Mitglieder fand und wuchs, und fand zwei Hauptgründe. Die Christen kümmerten sich um die Armen, und zwar um alle Armen, nicht nur die in ihrer Glaubensgemeinschaft. Das war neu. In der Antike herrschte soziale Kälte: Einzelschicksal. Wer Witwe, chronisch krank oder verkrüppelt war, hatte eben Pech. Zum andern machten die Christen nicht alles mit. Sie gingen nicht in die Arenen, um blutigen

Spektakeln zuzuschauen. Gladiatorenkämpfe interessierten sie nicht. Das fanden gebildete Menschen spannend, sie schlossen sich der christlichen Gemeinschaft an. Es waren also die Armen und die Gebildeten, die sich der Botschaft Jesu öffneten. So entstand eine Gemeinschaft, die keinen äußeren Feind brauchte und offen war für alle.

Für uns heute sind das interessante Forschungsergebnisse. Denn immer ist Barmherzigkeit ein entscheidendes Merkmal von Christen. Papst Franziskus betont es andauernd. Martin Luther ist ebenso wichtig. Seine Bibelübersetzung in die deutsche Sprache betont den anderen Aspekt, den Professor Schöllgen feststellt. Die gebildeten Bürger:innen wollen verstehen, was über Jesus berichtet wird, und zwar in der Sprache ihrer Zeit. Ohne Übersetzung klappt das nicht!

So ist heute die Ökumene wie in den jungen Gemeinden des Christentums zugleich eine praktische als auch eine intellektuelle Sache.

Praktisch geht es um die gemeinsame Hilfe für Menschen in Not, zum Beispiel für Flüchtlinge. Intellektuell geht es darum, dass sich die verschiedenen Kirchen besser verstehen. Also Übersetzungsarbeit! Wenn ich verstehe, warum ein anderer anders tickt, kann ich ihm freundlich begegnen. Nicht nur tolerant, sondern anerkennend. So haben die katholischen Christen begriffen, wie wichtig die Bibel ist. Die evangelischen Christen haben erkannt, dass neben dem Wort der Bibel die Menschen auch Hunger nach Riten, Bildern und Feierlichkeit haben. Ich finde, es ist schon viel an Einheit in Verschiedenheit vorhanden!

Die rheinische Art zu wirtschaften

Was hat das alles mit Kapitalismus zu tun? Die Soziale Marktwirtschaft, wie wir in Deutschland unsere Art der Wirtschaft bezeichnen, versucht etwas von der beschriebenen Barmherzigkeit im Umgang miteinander in die Welt des Wirtschaftens und der Politik zu übertragen. Pointiert sagt es die Philosophin Hannah Arendt: »Politik ist angewandte Liebe zur Welt«. Praktisch hat es Ludwig Erhard ausgedrückt, der Wirtschaftsminister mit der dicken Zigarre in der frühen Bundesrepublik: Soziale Marktwirtschaft meint »Wohlstand für alle«.

Es geht also nicht nur darum, die Shareholder, also die Anteilseigner der großen Firmen, durch jährlich wachsenden Profit zufriedenzustellen, sondern es geht vorrangig um das Wohl der Stakeholder, um das Wohl aller Menschen oder Gruppen, die an den Abläufen eines Unternehmens beteiligt sind oder darauf einwirken. Ohne die funktioniert es ja eh nicht; Aktienpakete allein generieren keine Produkte oder Dienstleistungen. Die Diskussionen um einen angemessenen Mindestlohn oder neuerdings die Vier-Tage-Woche zeigen, wie eng die Interessen von Share- und Stakeholdern verknüpft sind. Das Weltwirtschaftsforum in der Schweiz hatte vor einigen Jahren ein Titelthema, welches gut zuspitzte, worauf es ankommt: »Vertrauen führt«.

Die Wirtschaftswissenschaften haben erkannt, dass es nicht der erdachte »homo oeconomicus« allein ist, der mit unsichtbarer Hand die Geschicke des Marktes bestimmt. Neben dieser durchaus brauchbaren Theorie sind es auch viele andere Faktoren, die mitspielen. Denken wir nur an die Finanzkrise ab 2014 oder die Auswirkungen der schrecklichen Kriege wie den in der Ukraine.

Immer deutlicher kommt auch der menschliche Faktor in den Blick. Entscheidungen können nicht mehr nur top-down erfolgen. Starre Hierarchien funktionieren in einer vernetzten Welt nicht mehr. Bei meinen Gedanken zum Change management (Kapitel »Leitplanken zum Glück«) stelle ich kurz »Hidden Champions« vor, die prosperieren, weil transversal gedacht wird, also auch bottom-up und quer durch die Abteilungen.

Karl Marx war der Überzeugung, dass nur Arbeit Wertvolles schaffen könne. Weil sich die Kapitalbesitzer allen Profit des Geschaffenen nehmen, fallen die Arbeiter in Elend und Not. Also Klassenkampf. Etwas von dieser Denkfigur nehme ich auch wahr, wenn Menschen in den USA Trump wählen, oder wenn die AfD Zuspruch erfährt. Manche Menschen meinen, ihr Beitrag zu Wirtschaft und Gesellschaft werde nicht honoriert. Nun kommt endlich jemand, der sie anscheinend versteht. Deshalb habe ich noch einmal das Buch »Rückkehr nach Reims« von Didier Eribon aufgenommen und diesem Kapitel vorangestellt. Es gilt für die Politiker:innen demokratischer Parteien, aber auch für führende Wirtschaftsleute, sehr sensibel für das zu sein, was in den prekären Gesellschaftsschichten empfunden wird!

Ich bin seit bald vierzig Jahren Mitglied der Gewerkschaft. Zuerst bei »Handel, Banken und Versicherungen«, in der man Priester unter »Sonstige« unterbrachte. Seit der Zusammenlegung vieler Gewerkschaften gehöre ich zu Verdi, der Vereinigten Dienstleistungsgewerkschaft. Was vom Namen her gut zu mir passt. Kleinere und mittlere Städte buchen mich als Redner für den 1. Mai, den Tag der Arbeit. 2023 war ich zur Maikundgebung in Speyer. Gut kommt an, wenn ich frage, wer denn eigentlich die Arbeit gebe. Nämlich die Arbeitnehmer! Die Arbeitgeber nehmen sie an als wichtigsten Produktionsfaktor. Also rücke ich in meiner Rede die Stakeholder in den Mittelpunkt.

Das ist auch das Anliegen des Rheinischen Kapitalismus. Das meinte auch schon Konrad Adenauer, als er 1946 sagte:

Der Mensch ist nicht für die Wirtschaft da, sondern die Wirtschaft für den Menschen. So ähnlich wie das Wort Jesu: Der Sabbat ist für den Menschen da, nicht der Mensch für den Sabbat (Mk 2,27).

Weder Jesus noch Adenauer haben den Begriff »Rheinischer Kapitalismus« erfunden. Das war der französische Wirtschaftswissenschaftler Michel Albert. Er hatte festgestellt, dass sich eine bestimmte Art von Solidarität längs des Rheines entwickelt hatte. Ursprünglich ging sie wohl von Alpenbewohnern in Österreich und der Schweiz aus: Sie lebten und arbeiteten in einer risikoreichen Natur mit kargen Ressourcen, waren von Wetter und Glück – keine Krankheiten bei Tier und Mensch – abhängig. Der Hauptfaktor fürs (Über-)Leben war die Natur. Aktuell können wir das wohl nachvollziehen angesichts von Trockenphasen und Überschwemmungen in ganz Europa.

Da gilt es zusammenzuhalten. Möglichst alle machen mit. Das sichert am besten das Leben. Deshalb gibt es etwa in der Schweiz die Rentenversicherung, in die alle einzahlen und die alle absichert, auch die Beamten, Selbstständigen und Gutverdienenden, auch Studierende und Nicht-Erwerbstätige. Arbeitnehmer:innen sind ab dem 18., alle anderen ab dem 20. Lebensjahr im solidarischen System.

Der Rheinische Kapitalismus meint ungefähr das, was wir in Deutschland als Soziale Marktwirtschaft bezeichnen. Es geht darin um die Frage, wie die wirtschaftlichen und die sozialen Wünsche der Menschen zusammengedacht und zusammengebracht werden können. Der Rheinische Kapitalismus sieht den wirtschaftlichen Erfolg als Mittel zum Zweck: nämlich möglichst Gerechtigkeit zu schaffen – soweit das überhaupt geht. Zumindest die Menschenwürde durch Auskommen, Teilnahme am Markt, soziale Risikoabsicherung und Rechte zu sichern.

Sehr gut lässt sich erkennen, was den Rheinischen Kapitalismus ausmacht, wenn man ihn mit einem neoliberalen Modell des Kapitalismus vergleicht, der eher in den USA zu Hause ist. Obwohl sich dort auch schon manches verändert, zum Beispiel mit einer Krankenversicherung für möglichst viele Menschen. Nun wenige Beispiele im Vergleich:

Unternehmen sind für Unternehmer:innen im libertären Kapitalismus eine Ware. Man kann sie verkaufen wie andere Produkte. Für den Rheinischen Kapitalismus gehören die Firmen auch allen Beteiligten gemeinsam, die einen geben das Kapital und Ideen für den Markt, die anderen ihre Arbeit und ihr Know-how. Alle sind am Erfolg beteiligt. In Deutschland gibt es auch die Mitbestimmung in großen Unternehmen, bis hin zur paritätischen Mitbestimmung, die in der Montanindustrie entstand. Man denke nur an die Bedeutung der Gewerkschaften im VW-Konzern.

Gerade in den kleinen und mittelständischen Firmen ist der Erfolg davon abhängig, dass alle mitziehen. 99 Prozent der deutschen Firmen sind kleine oder mittelständische. Dort arbeiten fast zwei Drittel aller Arbeitnehmer:innen. Sie erwirtschaften die Hälfte der Bruttowertschöpfung in Deutschland.

Im amerikanischen Modell gilt *Hire and fire*, also schnelle Kündigung des Arbeitsverhältnisses, wenn der Markt es erfordert oder Profite damit verbunden sind. Bei uns gibt es einen umfangreichen Kündigungsschutz, starke Arbeitsgerichte und Kurzarbeitergeld in Zeiten wirtschaftlicher Krisen. Viele Unternehmen sind froh, dass es starke Gewerkschaften gibt, die in den Tarifverhandlungen für die Interessen der Arbeitnehmer:innen kämpfen. Der Staat hält sich aus den Verhandlungen raus, hat aber einen Ordnungsrahmen geschaffen, der Streiks erlaubt und Schlichtungsverhandlungen vorsieht. Eine gesetzliche Vorgabe ist der Mindestlohn.

Das Thema Mindestlohn war lange umstritten. Es hieß, er vernichte Arbeitsplätze, auch wenn es den Mindestlohn in den meisten Staaten der Europäischen Union schon gab. Der Wind dreht sich, seitdem in Meinungsumfragen deutlich wurde, dass achtzig Prozent der Bundesbürger einen Mindestlohn in Ordnung finden. Die Wirtschaftswissenschaft ist sich nicht einig. Mindestlohn-Kritiker sagen, der Lohn entspreche immer der Produktivität, also führe ein Mindestlohn zu Arbeitsplatzverlusten. Andere sehen das Gegenteil: Ein Mindestlohn schaffe Arbeitsplätze, weil viele zu einem fairen Lohn, der den Lebensunterhalt sichere, gerne arbeiten wollten – und Arbeitskräfte werden dringend gesucht. Inzwischen scheint die Kuh vom Eis zu sein. Es hat sich herausgestellt, dass die Firmen den Mindestlohn verkraften und dass er keine Arbeitsplätze frisst.

Alles Wirtschaft?

Was man für Geld nicht kaufen kann ist der Titel eines Bestsellers des amerikanischen Philosophen Michael Sandel (Verlag Ullstein, Berlin 2012). Klar, Liebe, Trost, Freundschaft kann man nicht kaufen. Aber soll man Körperorgane kaufen können? Dass man eine Menschenniere in Indien erwerben kann, ist bekannt. In den USA ist die Hälfte der Bevölkerung dafür, mit Organen zu handeln, in Deutschland kaum jemand. Wir finden es wunderbar, dass Bundespräsident Frank Walter Steinmeier seiner Frau eine Niere geschenkt hat.

Es gibt moralische Grenzen des Marktes. Im Hintergrund steht die Frage, ob wir uns von einer Marktwirtschaft hin zu einer Marktgesellschaft entwickeln wollen. Also ob der Markt nicht nur die Waren- und Arbeitswelt, sondern quasi die ganze

Lebenswelt bestimmen und regulieren soll. Wasser kaufen wir mit Geld, außer wir trinken bei einer Wanderung direkt aus einer Quelle. Soll die Versorgung mit Wasser in kommunaler Verantwortung geschehen, also als Teil der Daseinsvorsorge? Oder ist es besser, die Wasserversorgung zu privatisieren und dem Markt zu überantworten? Großbritannien ist den zweiten Weg gegangen und hat damit jetzt ähnliche Probleme wie Deutschland mit der Eisenbahn. Man kann nicht nur den Profit nehmen, ohne ständig in die Infrastruktur zu investieren. Die Bahn zahlt gerade ihr Lehrgeld für diese Einsicht.

In einer Hinsicht gibt es eine positive Entwicklung. *Border leasing* gibt es nicht mehr. Vor Jahren haben Kommunen etwa ihre Straßenbahnen, Wasserrohre oder andere Teile der Infrastruktur in die USA verkauft und sodann zurückgeleast. Dadurch ergaben sich steuerliche Vorteile für die Investoren, Investitionen in die Infrastrukturprojekte wurden vernachlässigt.

Die Cum-ex-Geschäfte der Banken sind inzwischen eindeutig als rechtswidrig erkannt worden. Die Aufarbeitung schlug Wellen bis hin zu Bundeskanzler Olaf Scholz. Im Kern geht es um die Frage des Vertrauens. Früher sprach man vom »ehrlichen Kaufmann«. Im Handwerk galt der einfache Handschlag als Vertragsabschluss, manchmal gilt er sogar noch heute.

Arbeitnehmer:innen verkaufen ihre Arbeitskraft. Im amerikanischen Kapitalismus hängt die Bezahlung allein von der Produktivität ab. Bei uns im Rheinischen Kapitalismus spielen auch diese Faktoren eine Rolle: Betriebszugehörigkeit, regelmäßige Höhergruppierung, Vergleichbarkeit der Bezüge statt Einzelverträge außertariflicher Art.

Beim nächsten Punkt wird wohl jede und jeder nicken: Wohnungen. Bei uns in Köln fehlen 60.000 Wohnungen. Die Zahl der Sozialwohnungen nimmt Jahr für Jahr ab, weil sie aus der zeitlichen Sozialbindung fallen. Ein Rheinischer Kapitalismus findet also auf dem Wohnungsmarkt im Rheinland wenig Erfreuliches, wendet den Blick lieber nach Wien mit einem riesigen Bestand an Wohnungen im Besitz der Stadt. In Köln haben Post und Bahn viele Wohnungen an Investoren verkauft. Das führte zur Gentrifizierung des Agnesviertels, meiner ersten Stelle als Kaplan vor über 40 Jahren. Es gibt noch einen kleinen Teil an Genossenschaftswohnungen, ansonsten Mietpreise im schönen Altbau bis über 30 Euro pro Quadratmeter im Monat. Es gibt Mietspiegel und Mietpreisbremsen. Erste Kommunen wollen auch wieder neu bauen. Noch zündet es nicht richtig. Und aktuell, im Sommer und Herbst 2023, bricht der Baumarkt regelrecht zusammen.

Wohnung zu haben ist neben Nahrung, Kleidung und Teilnahme am Leben der Gesellschaft eine der vier zentralen Punkte der Verteilungsgerechtigkeit. Also sind Wohnungen nicht nur eine frei verfügbare Handelsware im Kapitalismus. Die Eigentümer sind auch gehalten, Wohnungen nicht leer stehen zu lassen. Wenn dies über Jahre geschieht, kann die Kommune sogar zu Zwangsmaßnahmen greifen – was aber sehr selten vorkommt.

Seit einigen Jahren gibt es für Reisende Übernachtungen in Privatwohnungen über das internationale Vermittlungsportal Airbnb. Gedacht war das zunächst, um fremden Menschen eine günstige Übernachtung anzubieten und vielleicht neue Kontakte zu knüpfen. Ein schöner Gedanke der Völkerverständigung. Inzwischen entzieht dieses Modell dem Markt in vielen Städten Wohnraum. Auch die Betreiber von Pensionen und Hotels sind sauer, sie müssen ja, anders als die Privatvermieter eigenen Wohnraums, kräftig Steuern bezahlen. So gehen immer mehr Kommunen dazu über, die Verweildauer in den Privatwohnungen zu beschränken. Inwieweit das klappt, bleibt offen.

Hier plädiert der Rheinische Kapitalist eindeutig für klare Regeln und Besteuerung. Er tritt also als »Ordo-Liberaler« auf.

Einen guten Ordnungsrahmen verdient auch der öffentliche Nahverkehr. Natürlich wurde schon kräftig privatisiert, es ist aber klar, dass angesichts des Klimawandels die Entwicklung nicht nur dem freien Markt überlassen werden kann. Grundsätzlich ist es auch ein zentraler Punkt der Daseinsvorsorge. Mit Schüler- oder DeutschlandTicket, während Corona mit dem 9-Euro-Ticket, zeigte unser Staat Engagement. Überhaupt wurde in den Corona-Jahren und angesichts des Krieges in der Ukraine allen klar, dass neben dem Markt auch der Staat regulieren muss, wenn es Not tut.

Die Medien sind in den USA durchweg kommerziell organisiert. Bei uns in Deutschland im Sinne des Rheinischen Kapitalismus halbe/halbe: öffentlich-rechtlich und in privater Hand. Im Vergleich mit Ländern, in denen die Informationsvermittlung und die öffentliche Meinungsbildung ganz dem Kapital und dem privaten Sektor überlassen werden, müssen wir, bei allen Mängeln, die in so großen Systemen immer wieder Reformen erfordern, die öffentlich-rechtlichen Medien in gesellschaftlicher, nicht staatlicher Kontrolle verteidigen. Natürlich auch die unabhängige, dezentrale, vielfältige Presse mit Redaktionsstatuten, die die Machtverteilung zwischen Eigentümern und Redaktion in Balance halten.

Wer daran denkt, wie teuer ein Studium in den Vereinigten Staaten und manch anderen Ländern ist, dem fällt der riesige Unterschied zu den Universitäten hier auf. Es gibt sogar Bafög, damit ärmere Kinder und junge Leute während der Ausbildung ein Auskommen haben. Wir waren zu Hause vier Kinder, alle vier bekamen vor gut fünfzig Jahren volle Förderung während des Studiums. Ohne dies hätten wir wahrscheinlich nicht studieren können. Zum Glück gibt es an amerikanischen Universitäten auch viele Stipendien. Aber eben nicht ordnungspolitisch geregelt, sondern individuell entschieden und von Kapitalgebern abhängig. Dieses Beispiel bringt den Unterschied zwischen einem libertären und dem Rheinischen Kapitalismus auf den Punkt.

In Deutschland werden Privatschulen immer beliebter. Die Kirchen unterhalten auch viele. Allerdings ist das staatliche Schulwesen ebenso gut aufgestellt. Und für alle Schulen gelten eine staatliche Schulaufsicht und ein staatlicher Lehrplan. Sonst werden ihre Abschlüsse nicht anerkannt. In den USA, aber auch in Frankreich entscheiden sich die gutsituierten bürgerlichen Familien vornehmlich für die Privatschulen, die sie für besser halten. Wir müssen in Deutschland aufpassen, dass die staatlichen Schulen in Ausstattung, Personal und Pädagogik nicht vom privaten Sektor abgehängt werden. Im Bildungssystem entscheidet sich, ob eine Gesellschaft hohe Klassenschranken aufbaut oder zusammenfindet.

Was die Gesundheitsversorgung anbetrifft, haben wir in Deutschland Privatversicherte und Kassenpatienten. Durchweg, so sagt es auch die Forschung, ist die medizinische Hilfe gleich gut. Die Terminvergabe bei Arzt oder Ärztin folgt aber oft diesem Kriterium: dem Geld. An den Privatpatienten verdienen die Praxen und Kliniken deutlich mehr. Allerdings gilt in Krankenhäusern und manchen Praxen wohl auch, dass die Privatversicherten indirekt eine gute Versorgung aller gewährleisten, weil ohne sie der Gesamtbetrieb nicht zu stemmen wäre. Aus den USA hören wir immer wieder vom Streit um die Krankenversorgung armer Gesellschaftsschichten.

Erstaunt bin ich jedes Mal aufs Neue, welche Summen in den USA bei Schadensersatzforderungen vor Gericht zur Entscheidung anstehen. Ein wichtiger Grund ist, dass dort die Rechtsanwaltskanzleien gegen Erfolgshonorar arbeiten. Es kann also sein, dass die Anwaltskosten dann neunzig Prozent des Schadenersatzes auffressen. In Deutschland gibt es klare Gebührenordnungen für Anwaltskosten.

Soweit einige Beispiele. Im Kern ist der Rheinische Kapitalismus eine Spielart der Christlichen Soziallehre, auf die ich nun näher eingehe.

Die christliche Soziallehre

»Ein System offener Sätze«, so hat der »Nestor der Christlichen Soziallehre«, der deutsche Jesuit Oswald von Nell-Breuning, sie charakterisiert. Sie ist also immer in Bewegung entlang den Zeichen der Zeit. Genau das meint ja auch Papst Franziskus, wenn er feststellt, dass die Wirklichkeit wichtiger ist als die Idee und die Zeit wichtiger als der Raum. Im Blick auf die aufeinanderfolgenden Sozialenzykliken der Päpste lässt sich die Entwicklung der Soziallehre gut verfolgen.

Vor der ersten Enzyklika von 1891 wirkten im deutschen Katholizismus schon einzelne Persönlichkeiten wie Emmanuel von Ketteler, Bischof von Mainz, oder Adolf Kolping, der »Gesellenvater«, Peter Reichensperger, Zentrumspolitiker, und Franz Joseph Ritter von Buß, der als Abgeordneter in der Badischen Ständeversammlung die erste sozialpolitische Rede (»Fabrikrede«) in einem deutschen Parlament hielt. Ihnen ist gemeinsam, dass sie die Verelendung angesichts der Industrialisierung im 19. Jahrhundert als Herausforderung für die Kirche diagnostizierten.

Papst Leo XIII. nimmt 1891 in seiner Enzyklika *Rerum novarum (Von den neuen Dingen)* Bezug auf das Wirken von Bischof von Ketteler und nennt ihn »unseren großen Vorgänger«. Der Papst stellt fest, dass die Arbeiter:innen oft wie Sklaven tätig sind. Tatsächlich gibt es tägliche Arbeitszeiten von 15, sogar 18 Stunden, auch Kinderarbeit. Der Papst lehnt den Klassenkampf ab, er wünscht Kooperation von Arbeitgebern und Arbeitnehmern. Privateigentum sei sozialverpflichtet.

Die nächste große Sozialenzyklika kommt vierzig Jahre später, 1931, das sagt auch der lateinische Titel: *Quadragesimo anno*. An diesem Lehrschreiben hat Oswald von Nell-Breuning maßgeblich mitgewirkt. Neu ist der Gedanke der Subsidiarität: Die Probleme in der Gesellschaft können am besten von unten nach oben gelöst werden. Was vor Ort, in der Kommune, im einzelnen Land bearbeitet werden kann, soll dort geschehen in der Verantwortung der Menschen, die dort – »unten« – leben. Die übergeordneten Systeme sind dann am Ball, wenn es von unten nicht klappt. Bei uns in Deutschland wird die Subsidiarität in vielen Bereichen gelebt. Auch in der Kirche.

Dreißig Jahre später, 1961, dann das nächste Lehrschreiben von Papst Johannes XXIII., *Mater et magistra (Mutter und Lehrerin)*. Neu ist nun der Gedanke der Mitbestimmung. Die Arbeitenden haben ein Recht darauf. Die spezifischen und großen Probleme der Entwicklungsländer kommen zur Sprache.

Das Konzil, 1962 bis 1965, behandelt die soziale Frage in seinen Dokumenten. Zwei Jahre nach dem Konzil veröffentlicht Papst Paul VI. sein Sozialschreiben *Populorum progressio (Der Fortschritt der Völker)* zu Frieden und Gerechtigkeit. Er fordert weltweite Gerechtigkeit und Entwicklungschancen für alle Länder. Wenn es in einem Staat eine klare und langfristige Gewaltherrschaft gebe, sei auch ein Umsturz legitim.

Johannes Paul II. hat drei Sozialenzykliken verfasst. Als Papst aus einem kommunistischen Land möchte er die Gegensätze der Weltanschauungen überwinden helfen. Das Lehrschreiben *Laborem exercens (Über die menschliche Arbeit)* von 1981 versucht zwischen Sozialismus und Kapitalismus zu vermitteln. In beiden Systemen gibt es falsche Entwicklungen. Der Papst sieht die Arbeit dem Kapitel vorgeordnet. Auf den Stellenwert der Arbeit in der Christlichen Soziallehre gehe ich später näher ein.

Zwanzig Jahre nach *Laborem exercens* schaut der Papst nicht mehr auf die Spannung zwischen Ost und West, sondern auf die zwischen dem Norden und dem Süden der Erde in der Enzyklika *Sollicitudo rei socialis (Sorge um die Sozialen Dinge)*. Der Papst fordert zu wirksamer Entwicklungshilfe auf.

Zum hundertsten Jahr nach der ersten Sozialenzyklika von Papst Leo XIII. kommt das Lehrschreiben *Centesimus annus (Das hundertste Jahr)*. Zwei Jahre nach der Wende von 1989 blickt der Papst nicht nur zurück auf die kommunistische Zeit, sondern erkennt auch Probleme eines wild gewordenen Kapitalismus. Die Soziale Marktwirtschaft erscheint als ein gutes Modell, um Gerechtigkeit zu befördern.

Papst Benedikt XVI. publiziert 2009 das Lehrschreiben *Caritas in veritate (Die Liebe in der Wahrheit)*. Darin geht es um die Situation in einer globalisierten Welt.

Papst Franziskus legt 2015 *Laudato si' (Gelobt seist du)* der Weltöffentlichkeit vor, benannt nach dem Gesang des Heiligen Franziskus. Es schaut auf die Ökologie in einer engen Verbindung mit der Situation der Armen in der Welt. Denn die leiden am meisten unter den Folgen des Klimawandels. Themen sind Flüchtlinge, Menschenrechte, Gerechtigkeit.

Fratelli tutti (Alle sind Geschwister) heißt schließlich die nächste Sozialenzyklika von Franziskus im Jahr 2020. Es ist ein Appell für weltweite Freundschaft zwischen allen Menschen. Angesichts der vielen Kriege in der Welt eine mutige Vision.

Vielleicht mag dieser kleine Überblick über die Entwicklung der Soziallehre der Kirche dazu anregen, tiefer einzusteigen. Im Internet gibt es ja mehr dazu (z. B. beim Bund Katholischer

Unternehmer, BKU, und bei der KAB, gut für den Anfang der Informationssuche ist natürlich auch Wikipedia).

Nach diesem Blick in die Geschichte nun etwas Systematisches: die vier Sozialprinzipien der Christlichen Soziallehre: Personalität, Gemeinwohl, Subsidiarität und Solidarität.

Personalität

Personalität bedeutet die Einmaligkeit jedes Menschen. Er ist bestimmt für die Ewigkeit. Dies meint auch die Definition von Person aus der klassischen Philosophie vom römischen Gelehrten Anicius Manlius Severinus Boethius (5./6. Jahrhundert): *persona est rationalis naturae individua substantia*: Jede Person hat eine vernünftige Natur und eine persönliche Bedeutung. Personalität bedeutet zugleich Freiheit wie Verantwortung. Wir Menschen leben in Beziehungen, wie ja auch der dreifaltige Gott in Beziehungen steht: Vater, Sohn und Heiliger Geist.

Spannend finde ich ein Wort von Johannes Paul I. Er war nur 33 Tage Papst, bevor er starb. Man hätte ihn besser nicht gewählt, weil er sehr herzkrank war. Der Job war einfach zu groß für ihn. Er war der vorvorletzte Papst und bisher letzte aus Italien. In seinem Mini-Pontifikat hat er diesen wunderbaren Satz gesagt: »Gott ist wie ein Vater, noch mehr ist er wie eine Mutter.« Also ist er wie das Männliche in uns allen, egal ob wir Mann oder Frau sind, nämlich: Richtung, Ziel, Programm, Projekt, Profit. Noch mehr aber ist er wie das Weibliche, Mütterliche in uns allen: Sie hört zu, versteht alles, man kann immer kommen, die Tür ist offen, der Tisch ist gedeckt, es gibt etwas zu essen, sie kümmert sich. Ich mache es beim Beten des Vater unser so: Traditionell sage ich Vater, spüre aber wie der Papst die Mutter.

Interessant ist, dass Kardinal Joseph Höffner in seinem Standardwerk zur Christlichen Gesellschaftslehre im Abschnitt zur Personalität auch die Einsamkeit als ihr Merkmal anführt. Dies meint nicht Vereinsamung und Absonderung von anderen Menschen, sondern dass jeder Mensch im Kern seiner Person bei sich allein ist. Höffner verdanken wir auch die dynamische Rente. Sein Werk *Christliche Gesellschaftslehre* (Studienausgabe, Presseamt des Erzbistums, Köln 1978; neu aufgelegt im Verlag Butzon & Bercker, Kevelaer 1997) ist noch immer ein guter Überblick, auch wenn »Klimawandel« im umfangreichen Sachverzeichnis noch nicht vorkommt. Sehr klar aber das Urteil über die Atomkraft: »Geradezu katastrophal wird sich eine hemmungslose Entwicklung im Bereich der Kernenergie auswirken, wobei nicht nur an einen Atomkrieg, sondern auch an die Gefahren zu denken ist, die mit der Errichtung von Kernkraftwerken zur Energieversorgung verbunden sind« (S. 149 der Studienausgabe).

Zu Krieg und Frieden im Atomzeitalter schreibt der Professor ebenso klar: »Die Bedrohung wächst ins Unvorstellbare, da immer mehr Staaten in den Besitz von Nuklearwaffen gelangen« (S. 265). Die alte Lehre vom »Gerechten Krieg« kann nicht mehr gelten. So wird es später auch Papst Franziskus einschätzen. Dahinter steckt immer die Grundaussage: Der Mensch ist Person, bedeutend und wertvoll, frei und verantwortlich.

Subsidiarität

Das Sozialprinzip Subsidiarität habe ich schon mit der Enzyklika *Quadragesimo anno* von 1931 erwähnt, denn da wurde es erfunden. Das Wort kommt aus der Militärsprache und meint die Unterstützung aus der Reservestellung. Profan formuliert: Ich bekomme Kraft, weil andere hinter mir stehen. Also machen etwa Kommune und Staat, was die Familie nicht kann, zum Beispiel Kindergärten und Schulen einrichten. Aber wenn Elternvereine, private Träger oder Kirchen diese Aufgaben übernehmen können, haben sie den Vorrang vor Staat oder Kommune. Also werden die kleinen Gemeinschaften auch geschützt vor Übergriffen höherer Einheiten. Möglichst viel soll auf unteren Stufen der Gesellschaft bearbeitet und geregelt werden.

Manches kann nur die große Einheit. Zum Beispiel die Energiewende vorantreiben mit Planungen, Gesetzen, Windparks auf See, Vorgaben und Unterstützung für Wirtschaft und Gesellschaft. Aber selbst wenn auf den obersten und oberen Ebenen – Internationale Organisationen, Staaten – alles getan wird, wird das nicht reichen. Die unteren Ebenen müssen mitmachen und vorangehen: Bürgerinnen und Bürger, jeder Haushalt, jede Kommune, Gliederungen wie Kirchengemeinden, indem wir Solaranlagen auf unsere Dächer montieren, Bäume und Blumen in unseren Höfen pflanzen, umweltbewusst wirtschaften, CO_2-freie Veranstaltungen anstreben … Und: Bewusstsein schaffen für die gemeinsame Aufgabe, für die vielen kleinteiligen Dinge, die dafür getan werden können, in gemeinsamen und kreativen Projekten Freude an der Bewahrung der Schöpfung entfachen.

Subsidiarität hat mit Freiheit und mit Vielfalt zu tun.

Subsidiarität verweist auch auf die Grundstruktur der Kirche: ein Leib und viele Glieder. Das geringste Glied ist nach Paulus gar das wichtigste, weil es für Eintracht sorgt und vor Hoffart und Eitelkeit bewahrt (1 Kor 2,4f.). Die Kirchen tun also gut daran, das Subsidiaritätsprinzip auch im eigenen Betrieb zu beachten. Sie fordern es ja vom Staat ein! Zuerst sollen etwa die Freien Träger soziale Aufgaben übernehmen, bevor es

Staat oder Kommune tun. Also Subsidiarität von unten. Subsidiarität von oben wäre dann ein freies Kindergartenjahr für alle. Dies kann nur der Gesetzgeber schaffen, nicht der einzelne Kindergarten.

Eigentlich ist es wie bei den Kindern: Was die schon selbst können, zum Beispiel die Schuhe zubinden, sollen die Eltern nicht mehr machen.

Solidarität

In Solidarität steckt das lateinische *solidare*, zusammenführen.

Die Christliche Gesellschaftslehre erkennt eine seinsmäßige Verbundenheit aller Personen mit der ganzen Menschheit. Der Individualismus kennt nur die einzelnen, wie es das Sprichwort ausdrückt: Jeder ist seines Glückes Schmied. Der Kollektivismus sieht die Menschen als Objekte gesellschaftlicher Prozesse, bis hin zum Unwert: Du bist nichts, dein Volk ist alles.

Kinder sind schon im Alter von zwei Jahren solidarisch. Sie teilen gern, sind altruistisch, kommunikativ und berichtigen in den Tests der Verhaltensforschung die Fehler der Erwachsenen. Dies nicht, wie man früher dachte, um den Eltern zu gefallen, sondern weil es sich in uns Menschen über Jahrzehntausende genetisch entwickelt hat. Kinder sind eusozial, wie es der Biologe Osborn Edward Wilson in seinem epochalen Lebenswerk *Sociobiology* (Cambridge University Press, 1975 und 2000) bezeichnet. Kinder können sich in andere hineinversetzen, aus deren Perspektive schauen und nachvollziehen, was sie bewegt! Das ist der Ursprung der Solidarität. Im Alter von drei Jahren entwickelt sich die Solidarität hin zur Zugehörigkeit zur Familie oder Kita-Gruppe, so hat es Heinz Bude in seinem Buch *Solidarität* (Verlag Hanser, München 2019) beschrieben.

Wenn Jesus sagt »Wenn ihr nicht werdet wie die Kinder, kommt ihr nicht in das Reich Gottes« (Mt 18,3), meint er wohl die grundsätzliche solidarische Zuwendung, die Kinder auszeichnet.

Also: Miteinander statt gegeneinander. Füreinander statt ohneeinander. Beieinander statt nebeneinander.

Solidarität ist nicht Barmherzigkeit. Barmherzigkeit ist die Macht des einzelnen, die Kraft des Individuums. Solidarität ist nicht Empathie. Auch der Folterer hat Empathie und kann sich in den Menschen hineinversetzen, den er quält. Solidarität meint auch nicht Caritas, also Hilfe für Menschen in Not.

Solidarität ist nicht zuerst moralisch, vielmehr nimmt sie zur Kenntnis, dass wir Menschen ganz einfach aufeinander angewiesen sind. Das Wir toppt das Ich. Ohne die oder den andern werden wir nicht zu sozialen Wesen; also ist Solidarität eine existentielle Erfahrung. Schon die Sprache lernen wir von andern.

Der letzte Satz im Buch von Heinz Bude lautet (S. 163): »Man weiß den Gewinn der Solidarität nur zu ermessen, wenn man die Einsamkeit kennt.«

»Alles, was ich hab', hab' ich von einem andern«, singt Hermann van Veen in einem seiner Lieder. Und schließt: »Nur meine Gänsehaut ist von mir selbst.«

Ein berühmtes Beispiel praktischer Solidarität ist der Barmherzige Samariter in der Bibel (Lk 10,30-35). Ein Mensch wird von Räubern überfallen und liegt hilflos am Boden. Zwei Menschen sehen ihn, gehen aber achtlos weiter, ein Priester und ein Levit. Deren Job wäre es unbedingt zu helfen. Vielleicht haben sie wichtige Termine; vielleicht fühlen sie sich außerstande, weil der Erste-HilfeKurs schon lange vergessen ist; vielleicht ist ihr Handy leer, mit dem sie hätten Hilfe holen können. Der Mensch aus dem Ausland, der Samariter, zügelt sein Reittier, versorgt die Wunden des Überfallenen mit Öl und Wein und lädt ihn auf seinen Esel. Er bringt ihn zur nächsten Herberge. Dem Wirt dort gibt er zwei Denare, damit er ihn aufnimmt, und versichert, dass er weitere Kosten begleichen wird, wenn er demnächst wieder vorbeikommt.

Vor einiger Zeit war das Video einer Überwachungskamera in den Medien zu sehen. An einem Geldautomaten wurde ein Mensch überfallen. Er lag hilflos auf dem Boden wie der Mensch in der Bibelgeschichte. Mehrere Menschen stiegen über ihn, um sich Geld zu ziehen am Automaten. Endlich kümmerte sich dann jemand. Aufgrund des Videos konnten einige identifiziert werden. Sie wurden bestraft wegen unterlassener Hilfeleistung. Ein kurzer Satz über den Samariter im Evangelium bringt es auf den Punkt: »Er sorgte für ihn.«

Wenn ich mit einer Schulklasse im dritten oder vierten Schuljahr herausfinden möchte, was Solidarität ist, frage ich: »Wer hat heute schon für euch gesorgt, wer hat heute schon etwas für euch getan? Ihr habt drei Minuten Zeit.« Die Kinder sprudeln vor Ideen. Mama hat mich geweckt. Papa hat später gebrüllt: Steh endlich auf. Die Lehrerin hat die Klassenarbeiten eingepackt. Der Busfahrer hat mich zur Schule gefahren. Die Hausmeisterin hat die Schule aufgeschlossen … Die Kinder sind schlau und denken noch viel weiter: Ich war auf der Toilette, also hat jemand im Klärwerk die Hebel bewegt. In drei Minuten haben die Kinder zwanzig oder mehr Menschen genannt, die schon für sie tätig waren. Sie erkennen sehr schnell, was Solidarität meint: Keiner ist eine Insel, niemand lebt für sich allein. Also kümmern wir uns umeinander.

Papst Franziskus hat im Herbst 2023 die französische Hafenstadt Marseille besucht. Er sagte vor seiner Reise, er komme nicht nach Frankreich, sondern nach Marseille. Warum? Ihn zog es zu den *Rencontres méditerranéennes*, dem

Treffen von jungen Menschen mit Kirchenleuten aus den Ländern rund ums Mittelmeer. Diese Treffen hat der Bischof von Marseille, Kardinal Jean-Marc Aveline, ins Leben gerufen. In Marseille mit etwa einer Million Einwohnern lebt ein bunt gemischtes Volk. Ein Viertel sind Muslime, 80.000 Juden, 20.000 Buddhisten, 80.000 Armenier, ebenso viele kommen von den Komoren. Bei den Mittelmeertreffen begegnen sich sehr viele Menschen aus all den Ländern rund um das *mare nostrum*, wie die Römer es nannten: unser Meer. Menschen guten Willens.

Es geht bei diesen Treffen darum, das zu überwinden, was der Papst als »Globalisierung der Gleichgültigkeit« bezeichnet hat, die die großen Herausforderungen nahezu unbearbeitet dahintreiben lässt. Also um die zentralen Fragen, die Franziskus umtreiben: Migration, Verelendung, Klima, Hunger, interreligiöse Spannungen. In Marseille sagte Franziskus, das Mittelmeer sei zu einem riesigen Friedhof verkommen. Später in Rom betonte er, Europa müsse alle Flüchtenden aufnehmen.

Kardinal Aveline bemüht sich seit vielen Jahren um den interkulturellen und interreligiösen Dialog. Bevor er Bischof wurde, gründete er als Professor das Institut Catholique de la Méditerranée. Nicht um zu missionieren, sondern um sich mit vielen Menschen guten Willens um all die Probleme zu kümmern, die sich rund um das Meer auftun. Die Wochenzeitschrift *Christ in der Gegenwart* kommentierte das (24.9.2023, S. 6): »Auch eine Kirche, die in der Krise steckt und zur Minderheit wurde, kann demnach in der Nachfolge Jesu und in der Kraft des Heiligen Geistes segensreich wirken, wenn sie den demütigen Dienst am Menschen an die erste Stelle rückt.«

Solidarität bedeutet also in Marseille, sich über alle Grenzen hinweg für das Gemeinwohl zu engagieren.

Genau dies beabsichtigte auch der Papst, als er beim Weltjugendtag junge Wissenschaftler aufforderte, sich um die Entwicklung einer »franziskanischen Wirtschaft« zu kümmern. Um dies zu fördern, hatte er schon vorher eine große Konferenz mit jungen Wirtschaftswissenschaftlern in Rom veranstaltet. Marseille war ein weiterer Schritt auf diesem Weg.

Gemeinwohl

Zurück nach Köln, um das vierte Sozialprinzip zu betrachten, das Gemeinwohl. Und zwar im Wortsinn. Seit 1440 stehen im altehrwürdigen historischen Ratssaal der Stadt acht Holzfiguren, die Propheten darstellen. Mit dendrochronologischen Untersuchungen (Dendrochronologie ist die Wissenschaft vom Baumalter) konnte ihr Alter festgestellt werden. Die acht, mit Sätzen auf Schriftrollen in den Händen, geben Politiker:innen den dringenden Rat, für das Gemeinwohl zu wirken. Auch wenn der Stadtrat wegen der Zahl seiner Mitglieder heutzutage in einem modernen Saal tagt, kommen doch alle ab und zu in den alten Hansasaal, weil in ihm etwa die Bundesverdienstkreuze übergeben werden oder er mit anderen festlichen Anlässen lockt.

Die Spruchbänder in den Händen der Propheten geben Ratschläge, eher noch Ermahnungen. Beim ersten fängt es fromm an: »Zuerst suchet das Reich Gottes und seine Gerechtigkeit«. Da im 15. Jahrhundert wohl die meisten Menschen an Gott glaubten, ist der Anfang okay. Prophet Nr. 2 zielt mit seinem Spruch direkt auf das Gemeinwohl: »Das gemeine Beste ist dem persönlichen immer vorzuziehen«. Genau diesen Spruch hat auch der vierte Prophet auf seinem Band! Wohl nach dem pädagogischen Grundsatz: Redundanz ist Relevanz, es kommt auf Wiederholung an. Prophet Nr. 3 spricht sehr aktuell: »Nimm langsam Rat, dann eil' zur Tat«. Das meint ja nicht: Eile mit Weile, sondern in Ruhe beraten, die Argumente abwägen, und dann flugs handeln. Wir Kölnerinnen und Kölner warten derzeit geduldig auf die Eröffnung unseres Opernhauses nach der Schließung vor zwölf Jahren; so lange dauert die Sanierung.

Prophet Nr. 5 appelliert an die Vernunft: »Die Unversehrtheit der Vernunft überwindet diejenigen, die das Gesetz abzuschaffen wünschen«. Bestechlichkeit ist also nicht drin. Das Spruchband des sechsten Propheten ist juristischer Natur: »Es ist billig, dass ein Meister des Totschlags durch sein eigenes Handwerk umkomme«. Billig meint hier nicht preiswert, sondern angemessen. Auge um Auge, Zahn um Zahn.

Auch heutzutage wird manches durchgestochen. Deshalb gibt es den Informantenschutz im Journalismus. Also formuliert der siebte der Propheten: »Es soll keiner aus dem Rat schwatzen«. Zum Schluss wird es mit Nr. 8 wieder frommer: »Wer für die Gemeinschaft stirbt, soll ewig leben«. Also ein himmlischer Preis für den, der alles dem Gemeinwohl opfert. Was will man mehr.

Die acht Propheten standen jahrelang über dem Auslass der Heizungsluft im Hansasaal des historischen Rathauses. Als die Direktorin des Kölner Schnütgen-Museums das mitbekam, schickte sie eine Restauratorin los. Ihr Befund: Nichts wie weg! So sind die acht nun im Schnütgen-Museum zu Hause, wohl behütet und klimatisiert. Im Hansasaal stehen jetzt Repliken, die begüterte Bürger:innen spendierten.

Zum Umzug ins Museum gab es natürlich eine Ausstellung. Dazu recherchierten die Kuratorinnen, ob es ähnlich gemeinwohlorientierte Darstellungen auch woanders gebe. Ja! Etwa im Ratssaal zu Lüneburg.

Bevor es nach Lennestadt, in die Gegenwart einer modernen Stadt geht, einige systematische Gedanken zum Gemeinwohl als Sozialprinzip der Christlichen Gesellschaftslehre.

Hierbei orientiere ich mich an dem, was Kardinal Joseph Höffner in seinem Standardwerk *Christliche Gesellschaftslehre* ausführt.

Manchmal hat das Gemeinwohl den Vorrang vor den Interessen des einzelnen, manchmal auch nicht. Das Gemeinwohl ist nicht einfach die Summe vieler Einzelwohle, sondern hat einen neuen Wert. »Es ist das Gesamt der Einrichtungen und Zustände, die es dem Einzelmenschen und den kleineren Lebenskreisen ermöglichen, in geordnetem Zusammenwirken ihrer gottgewollten Sinnerfüllung (der Entfaltung der Persönlichkeit und dem Aufbau der Kulturbereiche) zuzustreben« (Studienausgabe, S. 47). Das bonum commune, das Gemeinwohl, bezieht sich heute nicht mehr nur auf die Kommunen und einen Staat. Das Zweite Vatikanische Konzil stellt fest, dass es »mehr und mehr einen weltweiten Umfang annimmt und deshalb Rechte und Pflichten in sich begreift, die die ganze Menschheit betreffen« (*Gaudium et spes*, Nr. 26).

Wo hat nun der einzelne Mensch Vorrang vor dem Gemeinwohl? Höffner macht klar: »Der Vorrang des Gemeinwohls vor dem Einzelwohl gilt nur, insofern und insoweit der Mensch als Glied einem bestimmten Sozialgebilde verpflichtet ist« (S. 49). Ich, der oder die Einzelne, bin als Mitarbeiter:in dem Wohlergehen der Firma verpflichtet, dem Sozialgebilde, dem ich angehöre. Genauso als Mitspieler:in dem Fußballverein. Und als Staatsbürger:in dem Land, in dem ich lebe, und der Gesellschaft, deren einzelnes Glied ich neben all den anderen bin. Aber Firma, Verein, Staat und Gesellschaft haben vorrangig dem Wohl und den Rechten aller Einzelnen zu dienen. Das Gemeinwohl hat also da Priorität, wo es dem Wohlergehen der Individuen dient. Für mich heißt das, die Menschenwürde kommt immer an die erste Stelle. Es gibt ja ein Widerstandsrecht, wenn etwa ein Staat die Menschenrechte missachtet.

Auch Soldaten müssen einen Befehl verweigern, wenn der zum Unrecht anweist. So gilt es in der Bundeswehr. Die Wehrbeauftragten des Parlaments wachen darüber.

Nun auf nach Lennestadt, wo Gemeinwohl lebt. Die Stadt interessierte mich auch, weil sie 26.000 Einwohner hat wie unser Stadtviertel Höhenberg-Vingst in Köln. Aber eine Fläche von über hundert Quadratkilometern – wir haben zwei.

Vor gut fünfzig Jahren entstand im Sauerland aus vierzig Dörfern eine neue Stadt, benannt nach dem Fluss dort: Lennestadt. Als Stadtpatron wurde Thomas Morus ausgewählt, der englische Staatsmann und Humanist. 1523 wurde er in England Sprecher des Parlaments, danach Lordkanzler. Eine Karriere ganz nach oben. Die endete allerdings abrupt, als er König Heinrich VIII. den Eid verweigerte, weil sich dieser als Haupt der Kirche von England einsetzte, um den Papst in England zu entmachten. Morus folgte seinem Gewissen und wurde 1535 enthauptet. Berühmt ist er auch für sein Werk »Utopia«. Darin beschreibt er eine Gesellschaft, in der die Gemeinschaft wichtiger ist als das Wohl des einzelnen. So gibt es etwa kein Privateigentum an Grund und Boden. Aber Bildung für alle. Das hatte er schon zu Lebzeiten vorgemacht, als er seinen beiden Töchtern die gleiche Bildung zukommen ließ wie seinen zwei Söhnen.

Einmal im Jahr lädt Lennestadt zu einer Bürgerbegegnung in den Ratssaal. 2023 durfte ich die Festrede halten. Ich war gespannt, ob in der Stadt etwas vom Geist des Stadtpatrons zu spüren ist.

Um es direkt zu sagen: Ja! Woran habe ich das gemerkt?

Zuallererst am Klima, am Miteinander. Der Philosoph Peter Sloterdijk hat gesagt: »Ein Gesellschaftsvertrag entsteht dadurch, dass die Menschen entscheiden, in welchem Klima sie leben wollen.« In Lennestadt verkehrt der Bürgermeister auf Augenhöhe mit dem Hausmeister, dem er auch bei seiner Ansprache für die kundige Bedienung der Mikrofonanlage dankt. Die Schnittchen für den Empfang haben die Schüler:innen der Förderschule vorbereitet, die zum Dank auf die Bühne gebeten werden. Ein Chor der Musikschule singt. Der Landrat des Kreises Olpe ist zu Gast, ebenso Abgeordnete aus Land- und Bundestag. Der Bürgermeister verleiht drei Heimatpreise an Initiativen, die sich in den Dörfern für Gemeinwohl und Zusammenhalt einsetzen. Er sagt: »Diese engagierten Gruppen sind für die Stadtverwaltung die wichtigsten Ansprechpartner vor Ort.«

Für mich ist der Höhepunkt, dass die Stadtverordneten tatsächlich ihre öffentliche Verpflichtung gemeinsam erneuern. Alle – von allen Parteien – kommen nach vorne und sprechen im Chor: »Ich verpflichte mich, dass ich meine Aufgaben nach bestem Wissen und Können wahrnehme, das Grundgesetz, die Verfassung des Landes und die Gesetze beachten und meine Pflichten zum Wohle der Stadt Lennestadt erfüllen werde. So wahr mir Gott helfe.« Meines Wissens gibt es das sonst nirgendwo in Deutschland. Falls doch, so bitte ich um Ihre Information.

Arbeit

Beteiligung, Partizipation, ist wohl das Geheimnis in Lennestadt. Wie ja schon Thomas Morus seine Töchter an Bildung hat teilhaben lassen – also Befähigungsgerechtigkeit, nicht nur Chancengerechtigkeit!

Für mich ist die zentrale Form von Beteiligung die Arbeit. Für die Christliche Soziallehre ist es ein Grundwert, nicht nur ein Grundrecht. Ein Grundwert wie das Leben. Martin Luther soll den Satz gesagt haben, der später immer wieder zitiert wurde, wenn es um die Bedeutung der Arbeit ging, auch von Papst Pius XII. Er lautet: »Der Mensch ist zur Arbeit berufen wie der Vogel zum Flug.«

Die Arbeitswelt befindet sich in einem Umbruch. Spätestens seit der Corona-Pandemie ist Homeoffice weit verbreitet. Die Vier-Tage-Woche funktioniert ganz gut, wird aus Großbritannien berichtet. In vielen Bereichen fehlen die Arbeitskräfte, nicht nur in der Gastronomie.

Wir haben jetzt in einem unserer beiden Kindergärten eine Mitarbeiterin in Leiharbeit, um die angebotenen Betreuungsstunden nicht reduzieren zu müssen. Auf der einen Seite ein deutlicher Fachkräftemangel, auf der anderen Seite gibt es in Deutschland 1,7 Millionen junge Erwachsene im Alter zwischen 25 und 34 Jahren, die weder Abitur noch einen Berufsabschluss haben. Nach der letzten Erhebung der Zahlen durch die Organisation für wirtschaftliche Zusammenarbeit und Entwicklung (OECD) von 2022 steigt diese Zahl sogar an im Vergleich zur Untersuchung von 2015 (Studie *Bildung auf einen Blick*), es sind 14 Prozent der jungen Menschen.

Dagegen hilft am besten der Einsatz für Befähigungsgerechtigkeit. Also Sprachförderung schon in den Kindertagesstätten, besondere Unterstützung von Grundschulen in prekären Stadtteilen.

In meinem Buch von 2020, *Glaube, Gott und Currywurst*, habe ich einige praktische Aktivitäten bei uns geschildert, die ich hier nur kurz benenne: Bewerberbücher mit jungen Menschen aus der Hauptschule, für jede und jeden je eine Seite. Später kurze Filme, gestaltet von Auszubildenden des WDR-Fernsehens mit den Jugendlichen. Die Initiative und schließlich Einführung des neuen Berufs Fachpraktiker:in in sozialen Einrichtungen; inzwischen haben mehr als 300 junge Menschen die zweijährige Ausbildung gemacht und feste Arbeitsplätze in Seniorenheimen, auf Demenzstationen oder auch in Krankenhäusern angetreten. Seit einiger Zeit leben bei uns im Stadtviertel Student:innen, die unentgeltlich in Häusern unserer Gemeinde wohnen und zum Beispiel Hausaufgabenhilfe für lernschwache Kinder organisieren, darauf komme ich noch zurück.

Am wichtigsten ist, jungen Menschen immer wieder Unterstützung anzubieten. So machen es ja zum Glück die Handwerkskammern mit ihren Ausbildungsbörsen. Hier in Köln gab es sogar »Speeddating« von Arbeitsplatzanbietern mit Lehrstellensuchenden im Riesenrad. Während sich die Kabine um die Achse dreht, erhält der junge Mensch darin Beratung.

Ab 1982 gab es in Deutschland eine Rezession der Wirtschaft. Damals war ich Kaplan in Pulheim. Für junge Menschen war es nicht so einfach wie zum Glück heute, eine Ausbildungsstelle zu finden. Also habe ich mit dem damaligen *Pulheimer Stadtblatt* vereinbart, dass darin jede Woche eine Spalte gedruckt wurde, in der sich ein junger Mensch vorstellt, der einen Ausbildungsplatz sucht. Die Zeitung wurde in jeden Haushalt unentgeltlich verteilt wie die Anzeigenblätter heutzutage. Es klappte gut mit der Vermittlung.

Eines Tages rief der Chef des Arbeitsamtes Brühl an, der auch für Pulheim zuständig war. Er sei der Arbeitsvermittler, nicht ich. Wenn ich nicht aufhörte mit den Spalten im *Stadtblatt,* werde er mich anzeigen. Meine Antwort lautete: Sehr gerne, denn dann werden wir beide schnell bekannt, und die Unterstützung der Jugendlichen gewinnt an Fahrt. Er hat dann auf eine Anzeige verzichtet.

Papst Franziskus fordert 2020 in seiner Enzyklika *Fratelli tutti* Zugang zur Arbeit für alle Menschen. Er schreibt: »Die Unternehmertätigkeit ist in der Tat eine edle Berufung, die darauf ausgerichtet ist, Wohlstand zu erzeugen und die Welt für alle zu verbessern. In jedem Fall aber sollten diese Fähigkeiten der Unternehmer, die ein Geschenk Gottes sind, klar auf die Entwicklung anderer Menschen und auf die Überwindung der Armut ausgerichtet sein, insbesondere durch die Schaffung vielfältiger Beschäftigungsmöglichkeiten« (Nr. 123). Schon die Pastoralkonstitution *Gaudium et spes* des Zweiten Vatikanischen Konzils hat in Nr. 67 prägnant formuliert: »Die in der Gütererzeugung, der Güterverteilung und in den Dienstleistungsgewerben geleistete menschliche Arbeit hat den Vorrang vor allen anderen Faktoren des wirtschaftlichen Lebens, denn diese sind nur werkzeuglicher Natur.«

Nun ist ja heutzutage in Deutschland nicht unser Problem, dass es zu wenig Arbeit gibt, um alle Menschen zu beteiligen. Wir haben ja auch erkannt, dass wir Einwanderung benötigen, wenn wir unseren Wohlstand erhalten wollen. Es geht nicht mehr um Gastarbeiter:innen, die für einige Jahre aushelfen und dann wieder in ihre Heimat verschwinden – was auch nie so war, die meisten Menschen sind geblieben. Wir sind ein Einwanderungsland geworden. In unserem Stadtteil hat weit mehr als die Hälfte aller jungen Menschen einen Migrationshintergrund, wie man das etwas kompliziert nennt. Darüber sind wir froh.

Die Würde der einfachen Arbeit

Was aus meiner Sicht noch entwicklungsfähig ist, betrifft die Achtung auch einfacher Arbeit. Zum Glück hat sich das durch die Einführung und Anpassung des Mindestlohns verbessert, wenn auch noch Luft nach oben ist. Es geht um den Respekt für die Menschen, denen der Herrgott nur begrenzte Möglichkeiten geschenkt hat. Hierzu eine wahre Geschichte:

Ein Ehepaar bringt 240 Euro »für arme Kinder« ins Pfarrhaus. Bei Kaffee und Kuchen erzählen sie, dass sie dieses Geld statt Geschenken bei der Feier zum 70. Geburtstag gesammelt haben. Wir kommen ins Gespräch.

Da sagt der Mann: »Soll ich mal die Wahrheit sagen?!« »Na klar«, antworte ich, »die Wahrheit befreit dich.« Nun er: »Ich muss schon sagen, der Herrgott ist ein … (böses Schimpfwort)!« Wieder ich: »Das ist ein starkes Wort, das müssen Sie aber begründen!« Er: »Ich hätte gerne Lesen und Schreiben gelernt; ich würde gerne eine Zeitung lesen; ich wäre gerne nicht Hilfsarbeiter geworden. Alles war nicht drin. Warum hat Gott mir so wenig Verstand gegeben?«

»Nun gut«, antworte ich, »akzeptiert! Aber jetzt bin ich dran. Wie lange sind Sie schon mit Ihrer Frau zusammen?« »40 Jahre«, sagt er. »War sie immer gut zu ihnen?« Er nickt: »Ja, sehr gut, immer.« »Und nun mal ehrlich, sie sieht doch noch verdammt fit aus für ihr Alter! Jung. Du kannst nicht alles haben!«

Zu dritt lachen wir. Und sprechen dann über die Kreuze, die wir Menschen tragen müssen, jede ihres, jeder seins. Ich versuche rüberzubringen, wie gut ich verstehen kann, dass der Mann als Analphabet mit Gottes Gerechtigkeit hadert. Ihm hilft es auch nur wenig, zu erfahren, dass es in Deutschland gut siebeneinhalb Millionen funktionelle Analphabeten gibt. Besser ist der Blick auf das Positive in seinem Leben, an erster Stelle seine Frau. Auch versuche ich ihm zu vermitteln, wie viel Herzensbildung er beweist! Wer zeigt schon so viel Solidarität, auf Geburtstagsgeschenke zu verzichten, um fremden Kindern bessere Chancen zu eröffnen, als er selber hatte!

Mutter Teresa hat gesagt: Die schlimmsten Krankheiten unserer Zeit sind nicht Aids, Lepra oder Krebs, sondern das Gefühl, unerwünscht zu sein, ungeliebt, von allen verlassen.

Der Mann, der die Geburtstagsspende brachte, fühlte sich von Gott verlassen, hat aber zu seinem Glück seine Frau zur Seite.

Als Kind habe ich mich über zwei Texte in der Kirche geärgert. Im Adventslied »Macht hoch die Tür« heißt es: »derhalben jauchzt, mit Freuden singt«. Warum nur halb, warum nicht ganz, wo doch bald Weihnachten ist? Später habe ich dann begriffen, dass derhalben einfach deshalb meint.

Der andere Text ärgert mich bis heute. Im Gleichnis von den anvertrauten Talenten bei Matthäus (25,14–30) und Lukas (19,11–27) kommt allein der schlecht weg, der nur ein Talent hat. Er ist ängstlich und vergräbt das Geld in der Erde, bei Matthäus, oder wickelt es in sein Schweißtuch, bei Lukas. Die mit den fünf und zwei Talenten, bei Matthäus, oder zehn und fünf, bei Lukas, verdoppeln durch Geschäfte das Geld, das ihnen der Mann, der auf Reisen ging, anvertraut hat. Der arme Angsthase mit dem einen Talent muss es sogar noch dem abgeben, der die meisten erhalten und verdoppelt hat. Bei Matthäus wird er dann gar in die Finsternis hinausgeworfen, wo Heulen und Zähneknirschen herrschen. Bei Lukas heißt es lapidar: Jedem, der hat, wird dazugegeben werden; wer nichts hat, dem wird auch das, was er hat, weggenommen werden.

Natürlich lässt sich die Geschichte dahingehend auflösen, dass es darauf ankommt, aus seinen Talenten, seinen Fähigkeiten, etwas zu machen. Aber warum läuft dann nicht der mit den vielen Talenten gegen die Wand? Gilt denn: Viel hilft viel? Der Mensch, der das eine Talent in der Erde vergrub, hat es aus Angst gemacht. Dieser Hinweis hilft mir noch am besten, Zugang zu dem sperrigen Gleichnis im Evangelium zu finden. Der Herr, der seinen Dienern das Vermögen anvertraut hat, rechnet mit Treue. Er verteilt die Talente auch entsprechend den Fähigkeiten der Diener. Doch offensichtlich bringt er nicht rüber, was er erwartet. Der ängstliche Mensch mit dem einen

Talent begründet ja sein Verhalten: Herr, ich wusste, dass du ein strenger Mann bist; du erntest, wo du nicht gesät hast, und sammelst, wo du nicht ausgestreut hast; weil ich Angst hatte, habe ich dein Geld in der Erde versteckt.

Die Moral von der Geschichte ist für mich diese: Gerade Menschen mit kleinen Fähigkeiten haben Angst zu versagen. Schnell stecken sie den Kopf in den Sand – mit ihren Talenten. Ein kluger und weiser Herr, also Vorgesetzter oder Chef oder Arbeitgeber, sollte Erwartungen und Bedingungen klar formulieren. Sonst wird die Angst der kleinen Leute zum Kreuz, das sie niederdrückt und lähmt.

Ein ganz kurzes Gedicht von Wolfdietrich Schnurre lautet (in: *Kassiber und neue Gedichte*, Verlag Paul List, München 1979):

Der Angst Wohnrecht einräumen,
sie gehört zu uns.

Das geht nur schlecht allein. Denn die wichtigsten Dinge im Leben, welche die Angst bannen, kann keiner selbst. Keiner kann sich selber streicheln. Man kann es zwar machen, aber man hat nichts davon. Keiner kann sich selber trösten, nur ein anderer. Niemand kann sich selbst die Schuld vergeben. Wir sagen oft: Ich entschuldige mich; aber das ist logisch unmöglich. Erst wenn der andere sagt: Schwamm drüber!, ist die Schuld vergeben. Niemand kann sich selbst erlösen aus Depression und Trauer. Keiner kann sich selber segnen. Obwohl wir in Köln sagen: »Der sänt sich selvs.« Der segnet sich selbst – das sagen wir, wenn einer nur an sich denkt. Aber das bedeutet ja gerade, dass es nicht geht.

Hierzu passt ein anderer Text aus der Bibel, der mir sehr gut gefällt, das Gleichnis von den Arbeitern im Weinberg. Alle erhalten den gleichen Lohn, egal ob sie eine, drei, sechs, neun oder zwölf Stunden gearbeitet haben. Natürlich sind die sauer, die für einen Denar lange gearbeitet haben und am Ende des Tages zusehen, dass für eine Stunde der gleiche Betrag gezahlt wird. Sie verstehen nicht, dass der Weinbergbesitzer genau das zahlt, was zum Lebensunterhalt nötig ist. Also ähnlich dem Bürgergeld oder der Sozialhilfe heutzutage. Auch der Mindestlohn soll ja für ein auskömmliches Gehalt sorgen. Im Matthäusevangelium (20,1–15) ist mit dem Weinbergbesitzer Gott gemeint. Er sorgt für das, wofür die Arbeiter nicht selber sorgen können, außer denen, die einen vollen Arbeitstag mit zwölf Stunden ergattert haben.

Den Kritikern antwortet er: »Darf ich mit dem, was mir gehört, nicht tun, was ich will?« Gott ist also ein Unternehmer mit Sozialverantwortung. Er sorgt für Verteilungsgerechtigkeit: Alle erhalten, was sie zum Leben brauchen.

Der Verlust von Sicherheit

Die Grundversorgung mit Nahrung, Wohnung, Kleidung und wenn auch geringer Beteiligung am kulturellen Leben im Sinne der Verteilungsgerechtigkeit ist in Deutschland weitgehend gesichert. Dennoch haben nicht wenige Menschen in stabilen Arbeitsverhältnissen das Gefühl, dass dies nicht immer so bleiben wird. Steht dahinter der Klimawandel, die Künstliche Intelligenz, der Ukraine-Krieg? Psychologen und Soziologen stellen fest, es gibt ein wachsendes Gefühl der Unsicherheit in der Gesellschaft.

Stephan Grünewald vom Kölner Rheingold Institut spricht von einer erschöpften Gesellschaft. Hartmut Rosa stellt als Soziologe Beschleunigung und Entfremdung fest. Heinz Bude veröffentlicht das Buch *Gesellschaft der Angst* (Verlag Hamburger Edition HIS, Hamburg 2014). Er meint damit nicht die Angst vor Krieg oder Erdbeben, sondern die Angst der Menschen, den Ansprüchen des Lebens nicht zu genügen.

Vor einigen Jahrzehnten war es in Deutschland normal, einen festen sozialversicherungspflichtigen Arbeitsplatz für das ganze Leben zu haben mit der Aussicht auf eine auskömmliche Rente. Das hat sich verändert. Wer nicht gerade Beamter ist, wechselt öfter die Firma, muss neu lernen, weil er im erlernten Beruf keine Anstellung mehr findet. Lebenslange Veränderung und lebenslanges Lernen sind üblich. Viele müssen sich anstrengen, um ihren Status zu halten, besonders in der Mittelschicht. Vor dreißig Jahren war es in vielen Familien noch so, dass die Frauen mit der Berufstätigkeit aufhörten, wenn die Kinder geboren wurden. Das Einkommen des Ehemanns reichte aus, um die Familie zu ernähren und zu einem bescheidenen Wohlstand zu kommen. Der Mann war stolz, wenn er zu seiner Frau sagen konnte: »Nun brauchst du nicht mehr zu arbeiten, mein Gehalt genügt«. Viele Frauen fanden das prima und sorgten für ein schönes Familienleben. Heute ist das kaum noch möglich. Die Belastung gerade für die Frauen wächst! Beruf, Kinder, Haushalt! Wenn der Ehemann mitzieht, kann es klappen, bleibt aber anstrengend.

Klaus Hurrelmann, Sozial- und Gesundheitswissenschaftler, bezeichnet diese Lebenssituation als »Wellenreiten«. Das Leben entwickelt sich nicht mehr linear, sondern erfordert immer wieder neue Anstrengungen und Entscheidungen im Auf und Ab.

Gute Karten hat, wer sich gestützt und begleitet sieht von einer starken Großfamilie oder einem unterstützenden Freundeskreis im Verein, in der Nachbarschaft, in einer Kirchengemeinde, im Viertel oder Dorf. Darin finden Menschen Solidarität, gegenseitige Hilfe und Anerkennung.

Richard Sennett, amerikanischer Soziologe, hat geschrieben: »Eine der unbeabsichtigten Folgen des Kapitalismus ist die Stärkung des Ortes, der wachsende Wunsch der Menschen nach Beheimatung« (*Der flexible Mensch*, Berlin-Verlag, Berlin 1998, S. 190). Wer weltweit unterwegs ist, wünscht ein Zuhause, wo er Wurzeln schlagen kann. Das Glück der Menschen hängt an dem Ort, an dem sie leben, da wächst Nachhaltigkeit, Sicherheit und das Gefühl von Heimat.

Systemwechsel?

Nun ist Nachhaltigkeit ja auch eine Forderung an die Wirtschaft. Für den Kapitalismus stellt sich angesichts des Klimawandels die entscheidende Frage, ob es ein grünes Wachstum geben kann. Die Meinungen der Wissenschaftler darüber gehen auseinander. Die einen sehen die Chance für ein Wachstum der Wirtschaft ohne schonungslosen Verbrauch der Ressourcen, die andern fordern *Degrowth*, also runterfahren. Ganz einfach formuliert: Für das Klima ist es gut, wenn wir verzichten, für die Wirtschaft ist es gut, wenn wir Geld ausgeben.

1978 war das Drei-Päpste-Jahr. Paul VI. starb, Johannes Paul I. wurde gewählt, sein Pontifikat dauerte nur 33 Tage. Dann der polnische Papst, Johannes Paul II. Ihm verdanken wir die bereits vorgestellte Enzyklika *Laborem exercens*, über die menschliche Arbeit. Was er getan hat, damit der Eiserne Vorhang fällt, ist unvergessen. Am 15.11.1985 war er in Köln, der erste Besuch eines Papstes überhaupt. Daran erinnern bei uns in Höhenberg-Vingst die Fähnchen, die bei Hochzeiten, Erstkommunionfeiern, Fronleichnam usw. vor unseren Kirchen aufgestellt werden. Sie markierten bei der Heiligen Messe mit dem Papst auf dem ehemaligen Flugplatz Butzweiler Hof die Plätze, an denen die Heilige Kommunion ausgeteilt wurde. Da unsere Pfarrjugend ehrenamtlich den Flugplatz säuberte und aufräumte, durften wir die Fähnchen mitnehmen, immerhin 40 Stück. Das mal so nebenbei.

1978 ist auch das Jahr, das Ulrike Hermann in ihrem Buch »Das Ende des Kapitalismus« betrachtet, ich habe es schon vorgestellt. Es ist das Jahr, in dem der Konsum in Deutschland genau die Hälfte von heute umfasste. Immer wenn ich dies erzähle, merke ich, wie die Menschen ins Nachdenken kommen. Könnte Verzichten doch klappen?! Für eine grüne Wirtschaft ist wichtig, dass es vorzeigbare Erfolge gibt. Wenn alle Elektroautos SUVs werden, sieht es allerdings nicht gut aus.

Das Weltklima ist in der Insolvenz! So kann es nicht weitergehen.

Das wissen wir alle, finden aber den Ausweg nicht. Insolvenzverschleppung! Barack Obama hat es so formuliert: »Wir sind die erste Generation, die die Folgen des Klimawandels spürt, und wir sind die letzte, die etwas dagegen tun kann.« Greta Thunberg zog daraus beim Europäischen Wirtschafts- und Sozialausschuss in Brüssel diese Konsequenz: »Wenn Lösungen innerhalb dieses Systems so unmöglich sind, dann sollten wir vielleicht das System selbst verändern.«

Papst Franziskus tickt ähnlich: »Es ist die Weise, wie der Mensch sich die Dinge zurechtlegt, um all die selbstzerstörerischen Laster zu pflegen: Er versucht, sie nicht zu sehen, kämpft, um sie nicht anzuerkennen, schiebt die wichtigen Entscheidungen auf und handelt, als ob nichts passieren werde« (*Laudato si'*, Nr. 59). Wie die drei Affen: Nichts sehen, nichts hören, nichts sagen.

Oder wie der Vogel Strauß: Kopf in den Sand. Dieses Gefühl habe ich jedes Mal, wenn ich meinen Plastikmüll zur Tonne bringe. Was ich als Einzelperson an Plastikmüll produziere, ist unglaublich! Ich will es nicht, mache es aber. Wenn ich dann lese, was ein junger Wal vor seinem Tod an Plastik geschluckt hat, wird mir schlecht. Wir haben kein Erkenntnisproblem mehr – wir sind zu feige oder zu dumm, um zu handeln.

Was tun?

Wir sollten an unsere Kinder und Enkel denken. Also an die Zukunft!

Der Papst schreibt: »Jedes Jahr verschwinden Tausende Pflanzen- und Tierarten, die wir nicht mehr kennen können, die unsere Kinder nicht mehr sehen können, verloren für immer. Die weitaus größte Mehrheit stirbt aus Gründen aus, die mit irgendeinem menschlichen Tun zusammenhängen« (*Laudato si'*, Nr. 33).

Wir sollten unsere Haltung ändern.

Dabei können uns die vier Grundsätze der Ökologie helfen:

1. Jedes Ding und jedes Lebewesen stehen mit jedem in Beziehung.
2. Alles muss irgendwo bleiben. Nichts geht verloren. Auch Abfall nicht.
3. Die Natur weiß es besser. Aus der Erfahrung der Jahrtausende.
4. Es gibt kein Freibier. Alles hat seinen Preis.

Wir sollten unseren Lebensstil ändern.

Papst Franziskus fordert dazu in seinem Schreiben *Laudato si'* 55 Mal auf. Fünf mal 11, das kann sich der Rheinländer gut merken. Im Hambacher Forst hat das Umdenken auch praktisch begonnen.

Als Pastor kommt mir ein wunderbarer Text aus dem Ersten Testament in den Sinn, im Buch Hiob 11,7–11:

Frag nur die Tiere, sie lehren es dich.
Frag die Vögel des Himmels, sie künden es dir.
Rede zur Erde, sie wird es dich lehren.
Die Fische des Meeres erzählen es dir.
Wer wüsste nicht bei alledem,
dass die Hand des Herrn dies gemacht hat.
In Gottes Hand ruht die Seele allen Lebens
und der Geist jedes Menschenleibes.

Persönlich bin ich der Meinung, dass es ohne Verzicht nicht klappt. Ich erinnere mich an die Zigarettenwerbung in meiner Jugend: »Go west« stand auf dem Plakat mit dem Cowboy auf dem Pferd. West heißen ja bis heute auch die Raucherwaren der Firma Reemtsma. Go west, erobere das Land. Es war damals unvorstellbar, dass es eine Grenze geben könnte: Macht euch die Erde untertan! Nicht zu Fuß, mindestens auf dem Pferd, oder jetzt mit einem Gelände-SUV, wenn eine solche Werbung noch möglich wäre.

Heute liegt die Chance des Aufbruchs in der Beschränkung der Möglichkeiten. Mit dem Verzicht auf Atomkraftwerke liegen wir dabei in unserem Land ganz vorne. Bei der Abkehr von der Massentierhaltung gewinnt unser Engagement an Fahrt. Tiere sind keine Dinge, sondern Mitgeschöpfe. Wie im Bibeltext aus Hiob. Papst Johannes Paul II. hat gesagt: Der Mensch ist in gewisser Weise Mitschöpfer der Welt. Also packen wir's an! Go west! Diesmal mit dem Fahrrad.

6. Die Praxis der Mystik

Sehr bewegt hat mich ein Buch von Navid Kermani, das 2022 erschien. Auf der Rückseite des Buches steht diese Geschichte: »Als Scheich Abu Said, einer der berühmtesten Mystiker des elften Jahrhunderts, nach Tus kam, einer Stadt im Nordosten des heutigen Irans, strömten in Erwartung seiner Predigt so viele Gläubige in die Moschee, dass kein Platz mehr blieb. ›Gott möge mir vergeben‹, rief der Platzanweiser: ›Jeder soll von da, wo er ist, einen Schritt näher kommen.‹ Da schloss der Scheich die Versammlung, bevor sie begonnen hatte. ›Alles, was ich sagen wollte und sämtliche Propheten gesagt haben, hat der Platzanweiser bereits gesagt‹, gab er zur Erklärung, bevor er sich umwandte und die Stadt verließ.«

Der lange Titel des Buches auf der Vorderseite lautet entsprechend: *Jeder soll von da, wo er ist, einen Schritt näher kommen* (Carl Hanser Verlag, München 2022).

Ähnlich war das Motto des Weltjugendtages in Portugal im Sommer 2023: »Maria stand auf und machte sich eilig auf den Weg«. Aufbrechen statt stehenbleiben. Näherkommen und einander wahrnehmen.

Navid Kermani, Schriftsteller und einer der wichtigsten Intellektuellen Deutschlands, hat seinem Vater versprochen, seiner Tochter, also der Enkelin des verstorbenen Vaters, zu erklären, was Islam ist und Religion. Einige Monate lang trifft er sich an Nachmittagen mit seiner zwölfjährigen Tochter, um gemeinsam dem näher zu kommen, was religiös bewegen kann. Dann kocht er auch. Hat er sich zu lange mit der Vorbereitung des Gesprächs aufgehalten, gibt es statt Spaghetti oder so auch mal Butterbrote.

So entstand ein Buch über Mystik. Kermani schreibt gegen Ende seines Werkes: »Während Religionen auch das umfassen, was an den Menschen veränderlich ist, drückt sich in der Mystik all das aus, was immer gleich bleibt. Deshalb ähnelt sie sich überall auf der Welt auch so sehr. Deshalb begegnet ihr jeder Mensch« (S. 220).

Für mich ist Mystik immer praktisch. Wie der Heilige Franz von Sales sagt: Der Alltag ist der Weg zu Gott. Kermani schreibt: »Die Wege zu Gott sind so zahlreich wie die Atemzüge eines Menschen« (S. 197). Also die gleiche Erkenntnis, die Papst Benedikt formulierte, als ein Kind ihn fragte, wie viele Wege zu Gott es wohl gebe: »So viele, wie es Menschen gibt.«

Wo Religion mystisch wird, also geistlich, spirituell, erfahrungsoffen, gerinnt sie zum Heil für uns Menschen. Eine Gesetzesreligion lehnt ja auch Jesus im dauernden Gespräch mit den Pharisäern ab. Aus der Sicht Kermanis ist Mohammed allerdings »lebensnäher und ungleich pragmatischer als sein Vorgänger Jesus, der bis in die Haarspitzen von Liebe beseelt war« (S. 156). Jesus fordere Feindesliebe, und sich selbst die Hand abzuhacken, die zum Bösen verführt. »Im Vergleich sind Mohammeds Vorgaben geradezu schlicht, etwa sein berühmter Rat: Vertrau auf Gott, aber binde dein Kamel an« (S. 156).

Die Verbindung von Geistlichem und Praktischem begeistert mich an Kermanis Buch. Darin sehe ich die Chance religiösen Lebens diesseits einer Volkskirche.

Der letzte Abschnitt im Buch vor dem Epilog ist mein Highlight. Navid Kermani spricht seine Tochter direkt an: »Weißt du, was mein liebstes Wort im Koran ist? Das Wort ›vielleicht‹. Es gibt kaum ein Wort, das häufiger im Koran vorkommt … Vielleicht, dass ihr dankbar seid, vielleicht, dass ihr versteht, vielleich … dass ihr Barmherzigkeit findet … In diesem ›vielleicht‹ liegt deine Freiheit, deine Verantwortung, deine Suche nach Erkenntnis« (S. 229). Das geniale Vielleicht verbindet den

Angebotscharakter moderner Religion mit der Freiheit, die Gott den Menschen lässt.

Vor Gott sind alle Menschen gleich. Dies zeigen die Kuhlen im Boden von Moscheen im alten Iran, also Löcher, etwa einen halben Meter tief. Darin steht der Vorbeter, oder auch die Vorbeterin im Raum für die Frauen. Die Botschaft: Auf keinen Fall stehen die Vorbetenden über den anderen Menschen. Die besondere Aufgabe ist also Dienst, nicht Hierarchie, nicht Herrschaft. Wenn dies nicht bloße Behauptung ist, sondern Realität, ist Religion sehr nützlich für die Praxis der Würde aller Menschen. Die Gleichheit aller Menschen ist für Kermani die Folge des Monotheismus, also des Glaubens an einen Gott in Islam, Judentum und bei den Christen. »Feindesliebe ist die christliche Zuspitzung des monotheistischen Gleichheitsgebotes« (S. 165).

Ganz anders der russische Präsident Putin, wenn er die Bibel zitiert: »Es gibt keine größere Liebe, als wenn einer sein Leben hingibt für seine Freunde« (Joh 15,13). Damit meint er nicht Jesus am Kreuz, sondern seine Soldaten, die er in den Krieg schickt. Das zeigt einmal mehr, wie sich einzelne Bibelverse gegen ihren wirklichen Sinn missbrauchen lassen.

Navid Kermani ist sich mit seiner Tochter einig, dass eine bessere Welt ohne Verzicht nicht möglich sein wird, nicht ohne Opfer (S. 159). Also: Jeder soll von da, wo er ist, einen Schritt näher kommen!

Auch wenn die Muslime die Kreuzigung Jesu als Fake betrachten, sieht Kermani das Martyrium als größtes Opfer eines Menschen. Im Blick auf das Kreuz Jesu schreibt er: »Jesu Klage, Gott habe ihn verlassen, war bereits die Klage Davids im Alten Testament und wird auch in Zukunft die Klage aller sein, die auf Erden unterdrückt, gemartert oder mit Leid überzogen werden. Und die Auferstehung bewahrt die Hoffnung, dass den Leidenden im Jenseits Gerechtigkeit widerfährt« (S. 158 f.).

Die englische Sprache unterscheidet zwischen *victim* und *sacrifice*. *Victim* meint einen Menschen, dem Böses widerfährt, der etwa Opfer eines Überfalls wird. *Sacrifice* ist das Opfer für andere, angefangen etwa mit einem Geldopfer für einen guten Zweck. Das Opfer Jesu am Kreuz soll ja bewirken, dass ein für alle Male ein Ende finden soll, dass Menschen andere zum Opfer machen, im Krieg zum Beispiel. Gerne sage ich bei einer Tauffeier mit Blick auf das Kreuz, Jesus tue eigentlich nichts anderes als alle Eltern machen würden, wenn es darauf ankommt: nämlich ihr Leben für ihr Kind opfern.

Das Besondere an Jesu Opfer ist nur: Es vollbringt der, der zugleich ganzer Gott und ganzer Mensch ist. So nimmt Gott in Jesus an unserem Leben teil bis in den Tod. Auferstehung bewirkt dann das, was Navid Kermani darüber formuliert hat: lebendige Gerechtigkeit.

Kermanis Buch habe ich schon oft verschenkt. So bin ich froh, dass es auch eine Taschenbuchausgabe für 13 Euro gibt. Wenn ich als Christ das Buch eines Muslims übergebe, ruft das manchmal Erstaunen hervor. Fast immer sagen die Menschen nach der Lektüre, wie wunderbar ihnen das Buch den Blick auf religiöses Leben geweitet hat und ihren Glauben bestärkt.

Ein anderes Büchlein verschenke ich seit Kriegsbeginn in der Ukraine auch des Öfteren, es enthält Worte und eine kurze Biographie von Mahatma Gandhi. Vor hundert Jahren hat Gandhi die Sieben Todsünden der modernen Zeit benannt, auf die auch Kermani in seinem Buch eingeht. Ich finde sie ausgesprochen aktuell: Reichtum ohne Arbeit. Genuss ohne Gewissen. Wissen ohne Charakter. Geschäft ohne Moral. Wissenschaft ohne Menschlichkeit. Religion ohne Opfer. Politik ohne Prinzipien.

7. Leitplanken zum Glück

Gottes »glückliches Leben zu erben« ist Sinn und Ziel menschlichen Lebens, sagt der katholische Katechismus. Daraus ergeben sich natürlich auch Sinn und Ziel jeder Kirchengemeinde: das Glück der Menschen und ihr Wohlergehen zu fördern. Nun macht eine Kirchengemeinde genauso wie der Katechismus nicht sowieso alle glücklich. Was Menschen mit Kirche erleben, kann ihnen gut tun und im Leben helfen – und das tut es vielfach. Aber wir wissen genauso, welches Unglück manchmal an kirchlichen Orten geschehen kann. Das ist nicht nur der kriminelle Missbrauch, das steckt auch in manchem oft unbedachten Verhalten, das Menschen verletzt, ausschließt oder übersieht. Immer kann man etwas besser machen – zum Glück.

Wie kann das Gute für die Menschen gefördert, das Schlechte eher vermieden werden? Niemand vermag Glück durch sein Verhalten zu 100 Prozent zu garantieren, noch Fehler und Fehlverhalten völlig auszuschließen. Aber man kann für die Praxis vor Ort wie auf der Autobahn Leitplanken aufstellen. Nicht um einzuengen. Sondern um Unfälle möglichst zu vermeiden, und um eine Richtung nach vorn, zum Ziel anzugeben, um so gemeinsames Fahren mit vielen möglich und einigermaßen sicher zu gestalten.

Mehr als alles andere macht eine gute Nachbarschaft Menschen glücklicher, hatte eine Umfrage der *ZEIT* ergeben. Also versucht eine Kirchengemeinde erst mal, ein guter Nachbar im Dorf, in der Kleinstadt oder im Veedel zu sein. Sie trägt zum besseren Miteinander bei. Und Nachbarschaft kann ja nur dann gut werden, wenn sie in ihr Angebot von freiwilliger Gemeinschaft alle einbezieht, die da wohnen. Wenn sie also keine Grenzen zieht nach Muttersprache und Herkunft, Alter und

Besitz, Glaube und Konfession, Lebens- und Liebesweisen. Andererseits: ohne Gleichmacherei zu betreiben. Darüber, wie das gelingen kann, welche Leitplanken dafür zu ziehen sind, können sich eine Kirchengemeinde und ihre Gremien Gedanken machen: Wie verläuft der richtige Weg zum Ziel? Und wie kann schon die Bewegung dahin glücklicher machen?

Zur Jahrtausendwende hatte unser Pfarrgemeinderat zusammen mit dem Kirchenvorstand ein Pfarrprogramm entwickelt, entlang den Bereichen Liturgie, Diakonie, Koinonie und Martyrie. Also Gottesdienst, soziale Unterstützung, Gemeinschaft und Glaubenszeugnis.

2023 gibt es nun nach einem Klausurwochenende und der Einrichtung einer Arbeitsgruppe ein Leitbild – mit »Leitplanken«. Es ersetzt nicht das Pfarrprogramm, aktualisiert es aber nach gut zwanzig Jahren. Hier zunächst die zehn Punkte im Überblick, anschließend gehe ich aus meiner Perspektive einzeln darauf ein.

1. Bei uns ist jeder Mensch willkommen.
Egal, wie er lebt, liebt und lacht.

2. Viele von uns glauben an Jesus Christus.
Das ist aber kein Muss.

3. Unsere Gemeinde ist vielfältig.
Darauf sind wir stolz!

4. Wir entscheiden gemeinsam.
Dabei gilt: Ein Mensch – eine Stimme.

5. Wir handeln klar und offen.
Ohne Fakes und Tricks.

6. Sonntag feiern wir Gottesdienst. Bunt. Musikalisch.
Alle sind eingeladen.
Danach gibt es Kaffee und Kuchen.

7. Wir sind für alle Menschen da.
Gerade für die, die unsere Hilfe wünschen.

8. Mit unseren evangelischen Geschwistern
machen wir viel für unser Veedel.

9. Wir machen Fehler.
Wir lernen hoffentlich daraus.

10. Tradition ist wertvoll.
Dabei gilt: Nichts muss bleiben, wie es ist.

Nun im Einzelnen meine Kommentare:

Bei uns ist jeder Mensch willkommen. Egal wie er lebt, liebt oder lacht

»Todos, todos, todos«, rief Papst Franziskus beim Gottesdienst des Weltjugendtages 2023 in Lissabon. Und er forderte die anderthalb Millionen Menschen, die ihm zuhörten, dazu auf, die Worte zu wiederholen. »Alle, alle, alle« sind gemeint und in der Kirche willkommen. *Todos* heißt alle sowohl auf Portugiesisch als auch auf Spanisch, was die Wirkung dieser Zusage noch verstärkte.

Auch Jugendliche aus unserer neuen »Pastoralen Einheit« Köln-Deutz mit 16 Kirchen in fünf Seelsorgebereichen – unsere Gemeinden Höhenberg und Vingst sind einer davon – nahmen am Weltjugendtag teil. Sie machten allerdings eine gegenteilige Erfahrung zu *todos*. Als sie mit einer Regenbogenfahne umherzogen, wurden sie von jungen Menschen aus Kroatien und einer Gruppe aus Polen hart bedrängt. Sie wollten ihnen die Fahne abnehmen. Das Bekenntnis, dass alle dazugehören, egal wie sie lieben, fand keinen Gefallen. Diversität, Verschiedenheit in sexueller Hinsicht ist also auch unter jungen Christen nicht überall akzeptiert. Die Menschen in der Kirche ticken nicht gleich, sie denken verschieden.

Auf dem Rückflug aus Portugal gab es die gewohnte kleine Pressekonferenz über den Wolken mit dem Papst. Eine Journalistin fragte, ob das *Todos* auch für Homosexuelle gelte. Der Papst bejahte dies grundsätzlich für alle Menschen, fügte aber hinzu, dass auch Regeln gelten müssten in der Kirche. Also sei die Segnung von schwulen Partnerschaften noch nicht drin. Die Weltsynode werde sich mit dem Thema beschäftigen.

Vor unserer Kirche ist unsere Antwort sichtbar. Da weht eine Regenbogenfahne. Schon die zweite, nachdem der Sturm die erste zerriss. Die Botschaft ist klar: Bei uns sind alle Menschen willkommen, egal wie sie leben, lieben oder lachen.

So sind in den gewählten Gremien der Gemeinde auch Menschen, die nicht heterosexuell leben. Hilfreich für uns war und ist, dass unser evangelischer Pfarrer seit langem mit einem Mann zusammenlebt. Alles, was sinnvoll ist, geschieht bei uns in ökumenischer Zusammenarbeit, wie etwa die Kinderstadt HöVi-Land in den Sommerferien oder die ökumenische Familienwerkstatt das ganze Jahr über. Unser evangelischer Pfarrer und sein Partner sind mit ihrer menschenfreundlichen Gesinnung und ihrem großen Engagement wie ein dicker Lottogewinn für unser Veedel.

Dass wir neben leben und lieben auch lachen sagen, ist unserer kölschen Eigenart geschuldet, nicht nur im Karneval. »Jeder Jeck is anders«, sagen wir in Köln. Also Diversität, Verschiedenheit als Lebenselixier. Uns kölsche Art.

Viele von uns glauben an Jesus Christus. Das ist aber kein Muss.

Schon der heilige Augustinus soll gesagt haben: »Die drinnen sind, sind längst draußen. Die draußen sind, sind längst drinnen.« Papst Benedikt XVI. hat es einem Kind gesagt, das ihn fragte, wie viele Wege zu Gott es wohl gebe. Der Papst antwortet: »So viele, wie es Menschen gibt.« Er hat betont, dass im Verhältnis zu Gott zuerst die Freiheit gilt, dann kommt die Vernunft und schließlich als Geschenk der Glaube. Man kann ihn also nicht kaufen, tauschen, herstellen. Und man kann ihn im Laufe des Lebens verlieren und wieder finden. Viele ältere Menschen machen diese Erfahrung. Deswegen sind oft mehr Ältere als Jüngere in den Gottesdiensten.

Eltern oder Großeltern beklagen, dass ihre Kinder oder Enkel den Kontakt zur Kirche abgebrochen haben. Auch wenn die sich noch als gläubig bezeichnen würden, so befürchten Großeltern und Eltern doch, dass der Glaube verdunstet, wenn man keinen Kontakt zur Gemeinde hat.

Diese Sorge ist fraglos berechtigt. Allerdings ist es nicht zielführend, wenn nun Eltern oder Großeltern das Thema Glaubensleere oder Kirchenaustritt thematisieren. Oft heißt es ja: »Reden hilft«. In diesem Fall aber eher nicht.

Am besten scheint mir, wenn die Großeltern und Eltern einfach ihre Art des Glaubenslebens weiterhin beibehalten, auch wenn die Kinder oder Enkel zu Besuch sind. Dann gibt es zum Beispiel das Tischgebet. Oder Oma und Opa besuchen mit dem Enkelkind, das zu Besuch ist, den Sonntagsgottesdienst, und erst danach geht es ins Eiscafé.

Auch geschieht es nicht selten, dass Familien den Kontakt zur Gemeinde neu beleben, wenn die Kinder zur Erstkommunion gehen. Dann ist entscheidend, welche Qualität die Zeit der Vorbereitung für Kinder wie Eltern hat. Wenn die Kinder etwa nach der Erfahrung der wöchentlichen Gruppenstunden mit den Katechetinnen zum Schluss fragen: »Warum machen wir nicht weiter?«, so ist der Übergang zu Messdienergruppe, Kinderchor oder Pfadfinderei weit geöffnet. Leider verhindern auch manchmal die Eltern, dass ihre Kinder ministrieren im Gottesdienst. Sie möchten die Sonntage freihalten von Verpflichtungen. Oder die Eltern leben getrennt. Dann pendeln die Kinder zwischen den Wohnorten an den Wochenenden und können sich kaum an die Sonntagsgottesdienste binden.

Auch bei diesen praktischen Fragen gilt der Grundsatz von Papst Franziskus: »Die Wirklichkeit geht vor der Idee.«

Unsere Gemeinde ist vielfältig. Darauf sind wir stolz!

Vielfalt steckt im Gen der Kirche. Schon im ersten Jahrhundert in der Gemeinde in Korinth, als deren Gründer der Völkerapostel Paulus gilt, gab es vier Gruppierungen, die sich einander nicht grün waren.

Paulus schimpft in seinem Brief an die Gemeinde, weil es Zank und Streit gibt: »Ich meine damit, dass jeder von euch etwas anderes sagt: Ich halte zu Paulus – ich zu Apollos – ich zu Kephas – ich zu Christus. Ist denn Christus zerteilt? Wurde etwa Paulus für euch gekreuzigt? Oder seid ihr auf den Namen des Paulus getauft worden?« (1 Kor 1,12–13).

Paulus erinnert die Mitglieder der Gemeinde daran, wie der Glaube nach Korinth kam: »Ich habe gepflanzt, Apollos hat begossen, Gott aber ließ wachsen« (1 Kor 3,5). Nachdem Paulus der Gemeinde ins Gewissen geredet hat, schildert er das weitere Vorgehen. Hierbei wird deutlich, dass er die Probleme nicht alleine lösen will und kann. Er redet Klartext!

»Deswegen habe ich Timotheus zu euch geschickt, mein geliebtes und treues Kind im Herrn. Er wird euch erinnern an meine Wege in Christus Jesus, wie ich sie überall in jeder Gemeinde lehre. In der Annahme, dass ich nicht selber zu euch komme, haben sich einige wichtig gemacht. Ich werde aber bald zu euch kommen, wenn der Herr will. Dann werde ich diese Wichtigtuer nicht auf ihre Worte prüfen, sondern auf ihre Kraft. Denn nicht in Worten erweist sich die Herrschaft Gottes, sondern in der Kraft. Was zieht ihr vor: Soll ich mit dem Stock zu euch kommen oder mit Liebe und im Geist der Sanftmut?« (1 Kor 4,12–13).

Klare Kante! Per Brief, dem damals modernsten Mittel der Kommunikation aus der Ferne; Smartphone, Internet oder Fax gab es ja noch nicht. Paulus ist ein Freund der Vielfalt. Im zwölften Kapitel des ersten Briefes an die Gemeinde in Korinth bringt er das wunderbare Bild von dem einen Leib und den vielen Gliedern. Alle sind wichtig. »Der Kopf kann nicht zu den Füßen sagen: Ich brauche euch nicht« (1 Kor 12,21). Und dann der Clou: »Gerade die schwächer scheinenden Glieder des Leibes sind unentbehrlich. Denen, die wir für weniger edel ansehen, erweisen wir umso mehr Ehre und unseren weniger anständigen Gliedern begegnen wir mit umso mehr Anstand, während die anständigen das nicht nötig haben. Gott aber hat den Leib so zusammengefügt, dass er dem benachteiligten Glied umso mehr Ehre zukommen ließ, damit im Leib kein Zwiespalt entstehe, sondern alle Glieder einträchtig füreinander sorgen. Wenn darum ein Glied leidet, leiden alle Glieder mit; wenn ein Glied geehrt wird, freuen sich alle Glieder mit. Ihr aber seid der Leib Christi und jeder Einzelne ist ein Glied an ihm« (1 Kor 12,22–27).

Ein wunderbarer Text, der auf den Punkt bringt, wie Vielfalt zur Einheit führt. Vor allem durch die Beachtung der Kleinen, die Gott besonders mag. Dies meint ja Papst Franziskus, wenn er die Armen die Lieblinge Gottes nennt. Dies meint die Heilige Elisabeth, wenn sie sagt: »In den Armen finde ich Gott.«

Auf einem Klausurwochenende unseres Pfarrgemeinderates haben wir gezählt, wie viele verschiedene, dabei regelmäßige Gruppenaktivitäten es in unserer Pfarrei gibt, nämlich 32. Keine der Gruppen macht es so, wie ich es machen würde.

Das ist das Entscheidende: Man kann es auch anders machen! Vielleicht ist für mich als Pastor also das Wichtigste, was ich nicht mache, wo ich mich also nicht einmische. Vielfalt wächst, wenn ich mich raushalte.

Sehr selten habe ich etwas allein entschieden. Zwei Beispiele:

Als ich vor über 30 Jahren als Pfarrer anfing, rief nach sechs Wochen ein Mann an. Er wohnte im Hochhaus gegenüber unserer Kirche in Höhenberg. Das Hochhaus ist höher als der Hahn auf unserem Kirchturm. Er sagte, er habe eine Diskothek und komme frühmorgens um 5 Uhr nach Hause. Um 6 Uhr läute dann unsere Glocke und reiße ihn aus dem Schlaf. Da habe ich spontan gesagt: Die Glocke hat zum letzten Mal geläutet. Das Läuten hat seine Gesundheit gefährdet. Die Lärmemission des Glockengeläutes ist wohl in einem Dorf auf dem Land anders zu bewerten als in der Großstadt.

Vor 25 Jahren kam unser Kirchenmusiker zu uns. Er ist noch immer hier und wirkt sehr segensreich, nicht nur in den Gottesdiensten, sondern auch in den Kindergärten und Schulen. Mit dem Jugendchor oder den Kitas inszeniert er Musicals. Er brachte neue Ideen auch in unseren Kirchenchor von 1854. Also Stimmübungen, Bewegungen zum Entspannen und andere moderne Techniken der Probearbeit. Daraufhin haben ihn einige Chormitglieder gemobbt. In der Jahreshauptversammlung gab ich die klare Botschaft: Ihr macht den Mann nicht kaputt, sondern bekommt einen anderen Chorleiter. Gesagt, getan. Der Chor war zufrieden, unser Kirchenmusiker erfreut, der neue Chorleiter froh über den Nebenjob. Ganz allein entschieden habe ich nur, wenn es galt, Menschen zu schützen.

Ab und zu frage ich Mitmenschen, ob ich ihnen einen kleinen Hinweis zu ihrem Verhalten geben darf. Natürlich nur unter vier Augen. Immer sind sie dann froh gewesen über ein offenes Wort. Genauso bin ich froh, wenn andere mir sagen, was ich an meinem Verhalten ändern könnte. *Correctio fraterna*, die geschwisterliche Kritik fördert die Vielfalt.

Es gibt ein einfaches Instrument, das uns dabei ziemlich hilfreich ist, nämlich Briefing. Dieses Fachwort aus dem Englischen meint, es ist gut, wenn die Gesprächspartner sich gegenseitig sagen, was sie jeweils nach den Worten der anderen verstanden haben. So lassen sich viele Missverständnisse verhindern, bevor sie entstehen können und Konflikte auslösen. Der Kick dabei ist, dass der Gesprächspartner nicht sauer ist, wenn der Sachverhalt noch einmal besprochen wird. Wenn angekündigt wird: Jetzt machen wir Briefing, bleiben Bemerkungen überflüssig wie etwa: »Habe ich mich nicht klar ausgedrückt?!«, »Meinst du, ich sei zu blöd?!«, »Muss ich bei dir alles zweimal sagen?!«. Vor allem ist schon bald allen klar, wie hilfreich, ja segensreich Briefing ist. Nicht nur zur Vermeidung von Missverständnissen, sondern auch für das Klima im Miteinander. Johann Wolfgang von Goethe sagt kurz und bündig: »Das Was bedenke, noch mehr das Wie!«

In der Gemeinde ist entscheidend, wie wir miteinander umgehen. Ob es eine Clique gibt, die alles bestimmt. Wie mit neuen Ideen umgegangen wird. Bei uns gilt, dass neue Ideen umgehend Unterstützung erhalten, wenn dies gewünscht wird. So war es etwa, als wir uns am Kirchenasyl in ambulanter Form beteiligt haben. Oder als junge Menschen einen Proberaum für ihre Band suchten. Oder als eine Dame die Idee einbrachte, gemeinsame Geburtstagsfeiern für arme Kinder zu gestalten.

Es gibt einen alten lateinischen Spruch, der vielleicht auf den Punkt bringt, was passieren sollte, damit Vielfalt sich entfaltet: *In ceteris libertas, in necessariis unitas, in totibus caritas*. Also: Bei Vielem Freiheit, beim Notwendigen Einheit, bei allem Liebe.

Diesem schon philosophischen Grundsatz möchte ich noch eine Kleinigkeit des Alltags beifügen. Bei uns im Pfarrbüro lesen wir alle Informationen, die gedruckt nach draußen gehen, dreimal Korrektur. Danach sind noch immer Fehler drin. Die Termindaten werden zusätzlich noch zweimal überprüft. Fromm ausgedrückt: Das macht demütig. Denn ohne die Hilfe der anderen werden die eigenen Fehler nicht sichtbar. Vor allem wird klar, dass Vielfalt auch in der praktischen Arbeit ein Erfolgsfaktor ist. Und niemand ist sauer, denn jeder macht ja Fehler.

Wir entscheiden gemeinsam. Dabei gilt: Ein Mensch – eine Stimme

Demokratie in der katholischen Kirche: Gibt es das? Ja natürlich! Schon seit langem.

Anfang 1982 trat ich meine zweite Kaplanstelle in Pulheim an. Im Sommer wollte der Jugendverband in der Pfarrei ein Ferienlager machen. Mir wurde gesagt: »Wir schauen mal, wie Sie so drauf sind, und stimmen dann ab, ob Sie mitfahren dürfen.« Nach Ostern durfte ich mit, was mich natürlich sehr erfreut hat. Hätte ich vorher gesagt: »Ich bin hier der Kaplan, für euch sozusagen der Kinderpapst, also fahre ich mit und damit basta«, wäre Vertrauen wohl erst gar nicht entstanden.

Demokratie wird in der katholischen Kirche immer wichtiger. Die Zahl der Priester nimmt rapide ab. Noch können Frauen nicht in die Lücken springen. Also werden in den Gemeinden die gewählten Gremien immer wichtiger, bei uns in Nordrhein-Westfalen die Pfarrgemeinderäte und die Kirchenvorstände. Darin entscheiden Frauen und Männer über das Leben in den Pfarreien. Sowohl Kirchenvorstand wie Pfarrgemeinderat leitet bei uns jeweils ein Laie, nicht der Pfarrer. Laie kommt ja vom griechischen Wort *laos*, einer aus dem Volk Gottes. Also stehen die Laien in der Kirche nicht fürs Laienhafte, sondern für den Willen des Volkes.

Tiefgründiger noch als die Demokratie ist der Gedanke der Subsidiarität, der in der Christlichen Soziallehre entwickelt wurde. Er besagt, dass die kleinen Einheiten und Gemeinschaften das regeln und entscheiden sollen, was sie selber können. Die größeren Einheiten, etwa der Staat oder das Bistum, springen dann ein, wenn es die kleinen nicht schaffen. Mein Lebensthema lautet op Kölsch: »Nix is esu schläch, dat et nit für jett joot es.« Also: Jeder Beitrag zählt!

Im Benediktinerorden wird dieser Gedanke noch zugespitzt. Und das schon seit Jahrhunderten! Bei der Versammlung spricht zuerst die oder der Jüngste. Sie oder er bringen ja vielleicht einen Gesichtspunkt ein, auf den die Alteingesessenen gar nicht gekommen wären. Ich finde, dies ist sogar noch ein wenig besser als reine Demokratie.

Für junge Menschen erscheint die Kirche oft als wenig freimachend, weil es eine Hierarchie gibt. Sie vermuten: je demokratischer, desto freier. Nun gehört Demokratie ganz klar zur Kirche dazu; Partizipation, Teilhabe also, ist ein Grundvollzug der Kirche.

Allerdings wurde die Kirche nicht durch demokratischen Beschluss gegründet, sondern durch die Offenbarung Gottes. Souverän der Kirche ist also nicht das Volk, sondern Christus. Der Römerbrief beschreibt es so: »So sind wir, die vielen, ein Leib in Christus; als einzelne aber sind wir Glieder, die zueinander gehören«. (Röm. 12,5)

Wann wird nun dieser Blick auf Christus zum Problem?

Wohl immer dann, wenn sich Menschen quasi-göttliche Eigenschaften anziehen. Davor warnt Jesus selbst ja des Öfteren. Wenn wir also meinen: Wer ein Amt in der Kirche hat, der soll auch herrschen wie ein kleiner Gott. Gerade die Kirche, die ihre Gründung Gott selbst verdankt, darf nicht so tun, als sei sie Menschenwerk. Immer, wenn sie selber über Menschen herrschen will, verrät sie ihren Gründer (man muss ja nicht nur an Kreuzzüge oder Hexenprozesse denken; auch kleine Machthaber:innen in der Pfarrei sind zur Umkehr aufgerufen).

Amt in der Kirche bedeutet immer Dienst; Hierarchie heißt auch immer Stellvertretung – bis zu dem Zeitpunkt, an dem Christus für immer wiederkommt. Amt in der Kirche und Geschwisterlichkeit sind keine Gegensätze, sondern bedingen einander geradezu.

Der österreichische Theologe Paul M. Zulehner schreibt in seinem Buch *Wider die Resignation in der Kirche* (Verlag Herder, Freiburg 1989, S. 99): »Je mehr Menschen in unserer Kirche ihre Begabungen annehmen, desto mehr Dynamik entsteht, umso größer wird auch der Amtsbedarf. Die Regel heißt daher: Je mehr Volk, desto mehr Amt inmitten dieses Volkes. Wie kann aber Amt so ausgeübt werden, dass das Volk ermutigt wird, seine Berufung zu erkennen und auszuüben?«

Genau das ist die entscheidende Frage! Amt in der Kirche, Hierarchie, hat nur Sinn, wenn es hilft, die Menschen frei zu machen!

Praktisch heißt das

- die Erfahrung, nicht Objekt der Seelsorge, sondern Subjekt als Kind Gottes zu sein;
- die Erfahrung, dass Vielfalt der Meinungen ein Reichtum der Kirche ist;
- die Erfahrung, dass Konflikte in der Kirche nicht nur notgedrungen dazugehören, sondern ein gutes Zeichen der Lebendigkeit sind;
- die Erfahrung, dass Entscheidungen gerade in der Kirche nicht ohne die Beteiligten und Betroffenen gefällt werden;
- die Erfahrung, dass die Kirche zum einen fest in Christus wurzelt, zum anderen aber immer auf dem Weg ist durch die Zeit und sich immer verändert und erneuert.

Das Neue ist heute, dass es in den Gemeinden nur noch ganz demokratisch funktionieren kann – zum Glück, meine ich aus vollem Herzen. Ohne den Sachverstand und die Mitwirkung der Menschen in Kirchenvorstand und Pfarrgemeinderat wäre ich als Pfarrer verraten und verkauft.

Seit 28 Jahren ist ein Finanzbeamter Geschäftsführer im Kirchenvorstand. Diese Arbeit könnte ich gar nicht machen, auch falls ich es fachlich verstünde. Denn dann müsste ich weite Bereiche der Seelsorge aufgeben. Und die ist meine Aufgabe.

Im Vorstand des Pfarrgemeinderates sind neben mir noch vier weitere Mitglieder, zwei Frauen und zwei Männer. Für eine gute Vorstandsarbeit haben wir uns fast ein Jahr lang gemeinsam ausbilden lassen, alle vier Wochen an einem Abend. Die Früchte ernten wir nun: Die Sitzungen sind heute gut vorbereitet und strukturiert. Die Gesprächsleitung wechselt unter den Vorstandsmitgliedern. Nur ich bin davon verschont, darf aber ein Abschlussgebet sprechen. Eine Besonderheit ist bei uns, dass es in der Pause der Sitzung etwas zu essen gibt. Hierfür melden sich Mitglieder zur Vorbereitung. So ist die Pause immer eine schöne kulinarische Überraschung.

Vor einiger Zeit haben wir einen neuen Tagesordnungspunkt eingeführt. Zu Beginn der Sitzung ist eine Viertelstunde eingeplant zum freien Äußern: »Was mir auf den Nägeln brennt«. Hier können die Pfarrgemeinderatsmitglieder spontan ein Thema aufrufen, das sie nicht für die Tagesordnung angemeldet haben. Es zeigt sich, dass gerade aktuelle Entwicklungen in der Kirche oder der Gesellschaft hier ihren Raum finden. Unser Gremium bleibt so »auf der Höhe der Zeit« und löst sich vom Trott.

Die Sitzung beginnt jeweils mit einem kleinen Einstieg, den sich der oder die ausgedacht hat, der/die die Gesprächsleitung hat. Dies bringt nicht nur die Frage »Wie geht es dir heute?« in die Runde, sondern auch manch originelle Idee: »Worüber hast du dich heute gefreut?«, »Wo warst du im Urlaub?«, »Was macht dir Sorgen?«. Ich freue mich vor den Sitzungen nicht nur auf das Essen in der Pause, sondern auch auf den Einstieg. Vor dem Schlussgebet gibt es immer eine kurze Reflexion im Rundlauf. Der Pfarrgemeinderatsvorsitzende, ein Arzt, ist schon länger Vorsitzender, als ich hier Pfarrer bin, also über 30 Jahre. Da er auch im Stadtteil aufwuchs und hier schon lange arbeitet, hat er wohl mehr Ein- und Überblick als ich.

Im Kirchenvorstand spreche ich kein Schlussgebet, sondern darf zu Beginn eine Besinnung von zwei bis drei Minuten vortragen. Nach der Sitzung lade ich die Mitglieder in eine Wirtschaft ein. Essen und Trinken gehört bei uns immer dazu.

Wir handeln klar und offen. Ohne Fakes und Tricks

Das ist ja wohl selbstverständlich, meine ich. Allerdings war dieser Satz unserem Pfarrgemeinderat wichtig im Blick auf die Situation der Kirche in unserem Erzbistum und in Deutschland. Nicht wenige Menschen denken ja, die Kirchenleute seien nicht nur hinterlistig, sondern auch hinterfotzig, wie die Bayern sprachgewaltig das hochdeutsche »heimtückisch« übersetzen.

Nach den schrecklichen Missbrauchstaten wird es viele Jahre brauchen, bis wieder Vertrauen wachsen kann, sagen zu Recht viele Menschen. Also gilt es, in den Gemeinden eine Kultur der Klarheit und Offenheit zu leben.

Wer die Bibel zu Rate zieht, findet in der Bergpredigt Jesu einen klaren Vorschlag: »Euer Ja sei ein Ja, euer Nein ein Nein; alles andere stammt vom Bösen«. (Mt 5,37) Um dies in den Alltag zu übersetzen, mag dieser Gedanke helfen: Vieles ist einfach, nicht kompliziert. Dazu ein Beispiel aus der Praxis. Ein Vater ruft an vor der Taufe und sagt, ein Pate sei erkrankt und könne nicht zur Tauffeier kommen. Ob er dennoch Pate sein könne. Meine Antwort: selbstverständlich. Denn zum einen sind ja Paten, anders als die Zeugen bei der Trauung, für die Taufe nicht vonnöten. Zum andern sind die Paten ja nicht wichtig bei der Feier, sondern danach im Leben des Täuflings. Also gute Genesung für den Paten! Was ich damit meine: Bevor wir Menschen, die bei der Kirche sowieso schon einen Haufen Vorschriften, Bedingungen, moralischen Druck und Gängelei vermuten, während es hinter der Fassade stinkt – bevor wir denen mit kompliziertem Amtsgerede Hürden aufrichten, besser Klartext reden und immer den einfachen Weg suchen, damit Menschen einen Zugang finden. Auch wenn das manchmal den Kirchenleuten schwerfallen mag wegen der vielen kirchlichen Traditionen, Gewohnheiten und Bestimmungen. Die Kirche ist für die Menschen da, nicht umgekehrt.

Bei der Überlegung, wie man Fakes und Tricks vermeiden kann, mag ein Gedanke von Remo L. Largo hilfreich sein. Er ist vielen Müttern bekannt, weil er als Pädiater die Bestseller *Babyjahre* (Verlag Piper, München 2017) und *Kinderjahre* (1999) geschrieben hat. Vor seinem Tod im November 2020 hat er ein Buch verfasst mit dem Titel *Das passende Leben* (Verlag S. Fischer, Frankfurt am Main 2017), sozusagen eine Zusammenfassung seines Lebenswerkes.

Darin geht es ihm um Fitness. Aber nicht um körperliche Ertüchtigung in einem Body-Building-Studio. Sondern um das, was fit macht, was passt. Was ist geeignet, was macht das Leben sinnvoll und schön, was ist gut für ein Kind und für uns Menschen überhaupt? Ist ein Mensch nur wertvoll, wenn er Abitur hat? Ist es wichtig, möglichst viel Geld zu verdienen?

Im Kern geht es darum, was glücklich macht, was das Leben schön macht, was eben zum einzelnen passt.

Viele Menschen haben leider heutzutage den Eindruck, dass die Welt nicht mehr zu ihnen passt. Zu schnell, zu unübersichtlich, alles digitalisiert. Sie haben den Eindruck, sie kämen gar nicht mehr vor. Sie erfahren keine *Resonanz*, formuliert es der Soziologe Hartmut Rosa in seinem gleichnamigen Buch (Verlag Suhrkamp, Frankfurt am Main 2016). Oder einfacher ausgedrückt: Sie meinen, keine Heimat zu haben. Der Philosoph Karl Jaspers schreibt: »Heimat ist dort, wo ich verstehe und verstanden werde.« Genau das ist die Fitness, das passende Leben. Wie in dem Spiel für kleine Kinder, in dem verschiedene Formen in passende Löcher gesteckt werden sollen. Im Spiel wie im Leben kommt es darauf an, für die verschiedenen Begabungen und Naturelle der Menschen passende Lebensformen und Anforderungen in unserer Gesellschaft möglich zu machen.

Also auch einfache Arbeitsplätze zu erhalten. Schließlich sind 7,8 Millionen in Deutschland funktionelle Analphabeten. Genauso ist es wichtig, hochbegabte Kinder zu fördern, damit sie sich nicht dauernd langweilen. Oder für ältere Menschen Formen der Beteiligung am öffentlichen Leben zu erweitern. Es fängt immer im Kleinen an: im Verein, im Betrieb, der Schule oder der Kirchengemeinde. *What fits?* Was passt zu dir oder mir? Was macht dich oder mich glücklich?!

Es geht also darum, in der Pfarrei von den Menschen her zu denken, nicht von der Kirche aus. Papst Franziskus: Die Wirklichkeit geht vor der Idee. Oder wie es Jesus oft sagt, wenn er Menschen begegnet: Was willst du, das ich dir tue? So ähnlich, wie unsere Pfarrsekretärinnen am Telefon fragen: Was kann ich für Sie tun? Der Mensch am Teich Betesda wartet 38 Jahre, bis Jesus ihn fragt, *what fits*: »Als Jesus ihn dort liegen sah und erkannte, dass er schon lange krank war, fragte er ihn: Willst du gesund werden? Der Kranke antwortete ihm: Herr, ich habe keinen Menschen, der mich, sobald das Wasser aufwallt, in den Teich trägt.« (Joh 5,6–7). Jetzt kommt endlich einer, der erkennt, was zu diesem Menschen passt und ihn heilt.

Der Sohn Gottes ist ja Mensch geworden, weil es für uns Menschen passt. Theologisch heißt das Inkarnation, Fleischwerdung. Er wird ganz Mensch und bleibt ganz Gott. So versteht er, was uns Not tut. Was zu uns passt, um uns zu erlösen. Wie den Menschen am Teich Betesda nach sage und schreibe 38 Jahren.

»Ich habe keinen Menschen«, das sollte niemand in unserer Gemeinde, in unserem Veedel sagen.

Sonntag feiern wir Gottesdienst. Bunt. Musikalisch. Alle sind eingeladen. Danach gibt es Kaffee und Kuchen.

Musik ist im Gottesdienst am wichtigsten, finde ich.

Die orthodoxe Kirche sagt: Musik ist die Sprache der Engel.

Martin Luther zitiert Augustinus: »Wer singt, betet doppelt.« Welcher Profit! Schon immer hat die Musik in den Kirchen den Gesang der Menschen, also Schlager und Volkslieder aufgenommen und teilweise fromm umgedichtet. Wenn bei einer Beerdigung Händels *Ombra mai fu*, das *Largo*, oder Bachs *Air* erklingt, sind die Trauergäste im Herzen bewegt. Es sind ganz »weltliche« Stücke vom Ursprung her, doch sie verwandeln in der Wahrnehmung der Menschen die Trauer in Trost.

In Köln wird oft das Lied von Trude Herr gewünscht: »Niemals geht man so ganz«. Es stimmt ja, was sie singt: »Irgendwas von dir bleibt hier«, das Geheimnis der Erlösung heißt Erinnerung. Im Film *Titanic* (1997) singt Celine Dion *My heart will go on.* Leonardo di Caprio opfert sich, damit Kate Winslet überleben kann.

Für viele Menschen berührt dies das Geheimnis von Tod und Auferstehung. Schließlich opfert sich Jesus am Kreuz für uns. Mancher mag denken: Was hat denn diese weltliche Musik im Gottesdienst zu suchen? Meine Antwort ist einfach: Sie gehört in den Gottesdienst, weil sie die Erfahrung der Menschen ausdrückt. Und die ist verschieden formatiert. Die eine hört WDR 4: »Schönes bleibt« von Schlagern und Oldies, der andere WDR 5 mit vielen Wortbeiträgen aus Kultur und Wissenschaft, WDR 3 schaltet ein, wer ein Freund der Klassik ist, WDR 2 für Pop und Rock. Und so weiter. Den Deutschlandfunk bevorzugt der Liebhaber politischer Kommentare.

Im Gottesdienst sollten die Musikformate erklingen, die zu den Besuchern passen, zu ihrer Lebenswelt, zu ihrem Erfahrungsschatz. Wenn das geschieht, kann der Organist auch etwas präsentieren, was bis dahin im Kirchenraum ungehört war. Sogar den Partysong »Ein Stern, der deinen Namen trägt«, heißt es darin doch: »Ich danke Gott, dass er dich mir geschenkt hat.«

Zum Glück haben wir einen begnadeten Kirchenmusiker. So habe ich noch nie Lieder für den Gottesdienst ausgesucht. Er wirft die Lieder seit einiger Zeit auch mit einem großen Beamer auf die Rückwand der Kirche, sodass die Gläubigen nicht im Gebetbuch blättern müssen. Wenn Klassen der Haupt- oder Gesamtschule die Kirche kennenlernen kommen, spielt er auch Musikrätsel auf der Orgel und leitet die Jugendlichen so von der Populärmusik hin zu klassischen Tönen.

Alle sind eingeladen. Alle sind willkommen. Zum Gottesdienst, aber nicht nur.

»Willkommenskultur« – dieses Wort hört man seit einiger Zeit landauf und landab. Wie kann sie funktionieren? Gerade auch in der Kirche? Für gläubige Menschen, egal ob Muslim, Jude oder Christ, gilt:

Gott liebt uns vor jeder Leistung, trotz aller Schuld.

Gottes Haltung heißt auf Französisch *gratuité*, schwer zu übersetzen, weil es mehr meint als unentgeltlich und geschenkt. Am besten op Kölsch: ömesöns.

Es geht um ein Willkommen ohne Bedingung. Also Zugehörigkeit ohne Gegenleistung.

Willkommenskultur beinhaltet Gastfreundschaft, ist aber noch mehr. Es ist aufsuchende Gastfreundschaft. Als die Drogenprobleme größer wurden, hat unsere Gemeinde zwei Spritzenautomaten aufgestellt mit der Botschaft: Auch als Drogenkonsumenten seid ihr willkommen, aber bitte entsorgt die Spritzen nicht auf dem Spielplatz, sondern hier in der Box, und neue Spritzen könnt ihr hier für 50 Cent ziehen. Kondome auch. Diese aufsuchende Gastfreundschaft lebt Jesus, als er zu Zachäus sagt: »Heute will ich bei dir Gast sein.« Jesus hat erkannt, wie einsam Zachäus ist.

Wie funktioniert Willkommenskultur ganz praktisch? In unserer Kirche gibt es *Greeter*, also Begrüßer. Jeweils zwei geben den Besuchern beim Eintreten das Gebetbuch in die Hand und heißen sie freundlich willkommen. Auch übergeben sie aktuelle Flyer mit Informationen.

Sehr wichtig ist, dass es in der Kirche Toiletten gibt, unbedingt auch eine behindertengerechte. Bei uns gibt es darin auch einen Wickeltisch für Babys, ausklappbar und mit Pflegemitteln.

Vor der Kirchentür stehen Standaschenbecher. Nach dem Gottesdienst ist sonntags immer Bewirtung. Liebe Frauen backen freitags Blechkuchen, manchmal gibt es auch frische Waffeln oder Fritten und im Sommer Eis am Stiel. Natürlich auch Kaffee und andere Getränke. Jüngere Menschen versammeln sich um Stehtische, ältere möchten sich lieber setzen.

Beim Pfarrfest sollte es ohne Geld funktionieren. Warum? Wenn man bezahlen muss, sind die Lieblinge Jesu ausgeschlossen, die Armen. Ich kenne einen Diakon, der vier Kinder hat. Wie soll er am Pfarrfest teilnehmen, wenn er für sechs Personen bezahlen muss? Das Minimum muss sein, dass für Kinder alles unentgeltlich ist. Wenn dann am Bierstand ein Sparschwein steht, ist das akzeptabel. Woher kommt das Geld für Essen und Getränke? Von Spendern, denen es gutgeht und die Geld oder Kuchen spendieren. Einfach für Gotteslohn! Eine gute Willkommenskultur – ob in der Gesellschaft oder in der Kirche – mag vielleicht gratis sein, ist aber nicht ömesöns. Aber sie ist mit das wertvollste, was wir anderen Menschen schenken können.

Wir sind für alle Menschen da. Gerade für die, die unsere Hilfe wünschen

Zu diesem Punkt unseres Leitbildes fällt mir sogleich der Satz ein: Wer für alle offen ist, ist nicht ganz dicht.

Natürlich geht es nicht um ein kollektives Helfersyndrom. Daher auch die Zuspitzung im zweiten Satz. Es ist wie im Schuhgeschäft. Wenn die Verkäuferin oder der Verkäufer allzu freundlich und bedrängend ist oder ohne Aufforderung ständig andere Schuhe bringt und nicht in Ruhe ausprobieren lässt, geht man wohl ohne neues Schuhwerk aus dem Laden.

Was verbindet die Situation im Schuhgeschäft mit der Lage der Kirche?

Viele Menschen möchten nicht mehr vorgeschrieben bekommen, wie sie leben sollen. Sie wünschen aber durchaus Beratung, um dann selbst zu entscheiden. Das ist der springende Punkt! Genauso wie Blutspenden freiwillig sind, so möchten die Menschen freiwillig sein. Sie möchten also durchaus wissen, was kirchliche Lehre ist, aber dann darüber nachdenken und zu einem eigenen Urteil kommen.

Also muss die Kirche sich bewegen. Weg von einer Gesetzesmacht hin zu einer Beratungsagentur. Eine Beratungsinstanz für das sich selbst suchende Individuum, wie es der Politikberater Erik Flügge formuliert hat. Als Heribert Prantl von der *Süddeutschen Zeitung* das in der Talkshow bei Anne Will ähnlich formulierte, gab es tosenden Beifall.

Zum Glück gibt es das schon. In den Gemeinden vor Ort werden die Seelsorger:innen dann von den Menschen aufgesucht, wenn sie dafür bekannt sind, nicht fertige Lösungen anzubieten, sondern gut zuzuhören.

Dazu eine kleine Geschichte. Am Markt in der Stadt hatte ein neues Geschäft eröffnet, Alleskauf. Betrieben wurde es von einer Kooperative von Engeln. Ein Mensch geht hinein. Er fragt: »Kann man hier alles bekommen?« »Na klar«, sagt der Engel hinter der Theke. Der Mensch: »Dann möchte ich Frieden auf Erden, Ende des Hungers in der Welt, Glück für alle.« »Bitte schön«, sagt der Engel und übergibt ein Tütchen. Der Mann schaut hinein und ist enttäuscht. Der Engel: »Was dachten Sie denn? Wir verkaufen natürlich keine Früchte, sondern nur Samen.« Beratung bietet nur Samen, nie Früchte.

Neben dem Rat steht die Tat. So haben wir vor über 30 Jahren zusammen mit unserer evangelischen Schwestergemeinde erkannt, dass Stadtranderholung, wie es früher hieß, zur Ausgrenzung armer Kinder führt. In den fünfziger oder sechziger Jahren des vorigen Jahrhunderts war das wohl anders. Uns geht es um Inklusion, also haben wir die Kinderstadt HöVi-Land in den Sommerferien entwickelt. Benannt nach unseren Stadtteilen Höhenberg und Vingst, eben HöVi.

Nun sind 630 Kinder dabei, aufgeteilt in dreißig Gruppen, mehr als zweihundert Erwachsene engagieren sich, begleiten die über 150 Ausflüge, kochen frisch im Küchenzelt, betreuen das Café. Auch ein Arzt ist immer auf dem stadtnahen Platz in einem Wäldchen, das fußläufig erreichbar ist.

Am wichtigsten sind die jugendlichen Gruppenleiterinnen und -leiter, gut hundert an der Zahl. Jedes Jahr ab Februar werden sie ausgebildet: Erste Hilfe, Gruppenpädagogik, Rechtsfragen. Das geschieht an Abenden und einem gemeinsamen Wochenende in der Jugendherberge in Nideggen am Rand des Nationalparks Eifel. Sie verstehen sich als Vorbilder der Kinder; jetzt in der Kinderstadt, aber auch danach das ganze Jahr über im Veedel.

Was ist ihr Lohn? Keine und keiner bekommt Geld. Der schönste Lohn ist wohl, dass beim Abschied am letzten Tag alle Kinder weinen. Jedenfalls war es in den vergangenen Jahren so. Die Kinder heulen, weil es zu Ende ist, aber hoffentlich auch in Vorfreude auf das nächste Jahr. Denn alle denken, dass es HöVi-Land ewig geben wird.

Woher diese Hoffnung? Weil es einfach wunderbar ist, sich in der Kinderstadt zu engagieren. Wenn man die Kinder fragt: Was willst du denn später mal werden, sagen viele: HöVi-Land-Leiter! Und die Leiter:innen sagen: Ich will gerne jetzt zurückgeben, was ich als Kind im HöVi-Land erlebt habe.

Ein Mädchen wurde für einen Film im ARD-Morgenmagazin gefragt: Was ist denn das Schönste hier im HöVi-Land? Die Antwort: »Dass wir hier zusammenhalten, und die andern Dinge.«

Allerdings: Die »andern Dinge« sind fast egal, wenn der Zusammenhalt stimmt. Natürlich sind die andern Dinge schön: Schwimmbad, Workshops mit ganz verschiedenen und kreativen Beschäftigungen, Ausflüge, Kistenklettern, Bastelangebote … Die Kinder schlafen nicht in der Kinderstadt, sondern zu Hause. Abends sind sie geschafft, ebenso die Leiter:innen. Am nächsten Morgen geht es dann wieder los.

Das Geheimnis, warum es immer wieder funktioniert, ist wahrscheinlich, dass es die Menschen aus dem Veedel selber schaffen. Zum Beispiel das Technik-Team. Eine Woche Aufbau der Kinderstadt, Abbau an einem Tag. Das bewundern alle. Oder die Rentner, die jede Nacht die Kinderstadt bewachen. Unverzichtbar. Es kommt also auf jeden an, jeder Beitrag zählt! Ob Regen oder Sonnenschein: Alle haben die Sonne im Herzen, weil die Kinder dankbar sind. Dem Glück kann man gemeinsam auf die Sprünge helfen.

Wir haben zwei katholische Kirchen. Die eine ist nach dem Heiligen Theodor benannt. Er lebte im vierten Jahrhundert, kurz vor der Konstantinischen Wende, als das Christentum zuerst anerkannt, dann Staatsreligion wurde. Vorher wurden die Christen verfolgt, mal mehr, mal weniger. Theodor tat es eifrig, bevor er sich bekehrte. Als Christ steckte er dann heidnische Tempel in Brand und starb als Märtyrer. Kein sympathischer Typ.

Ganz anders die Heilige Elisabeth, Patronin der zweiten Kirche. Elisabeth formulierte ihr Lebensmotto vor 800 Jahren kurz und knapp: »In den Armen finde ich Gott«. Als Landgräfin von Thüringen könnte sie sich von morgens bis abends bedienen lassen, doch sie zieht es vor, den Armen zu dienen. Woher nimmt sie die Kraft? Wohl auch aus ihrer Ehe. Sie hat einen tollen Mann und erfährt tiefe Liebe. Anders als heutzutage heiratet sie schon mit dreizehn Jahren und bekommt mit fünfzehn Jahren ihr erstes Kind, später noch zwei. Sie erlebt, was damals selten war: einen Mann, der sie von Herzen liebt und unterstützt. Er stirbt leider früh, was auch für Elisabeth viele Änderungen und Nöte bringt.

Im Hungerjahr 1224 öffnet die Sechzehnjährige die Kornspeicher des Landes für die Armen. Von denen erfährt sie Dankbarkeit, von den Herrschenden aus dem Adel Kritik. Die Legende erzählt, dass besonders Landgraf Ludwig, Nachfolger ihres verstorbenen Mannes, sauer war: Sie verschleudere ihr Vermögen an die Hungernden. Als sie wieder einmal Brot verteilt, reißt er das Tuch weg, das den Brotkorb bedeckt. Und dann das Wunder: Im Korb sind nicht Brote, sondern Rosen! Das berühmte Rosenwunder, das auf vielen Bildern in Elisabeth-Kirchen abgebildet ist. Im katholischen Gebetbuch Gotteslob wird das Rosenwunder mit dem Lied Nr. 470 besungen: »Wenn das Brot, das wir teilen, als Rose blüht«.

Nun besitzen wohl die meisten von uns kein großes Vermögen wie Elisabeth, das wir an die Armen verschenken könnten. Was können wir tun? Handeln nach dem Motto: Auch Kleinvieh macht Mist. Wir versuchen herauszufinden, wobei die Menschen im Stadtteil unsere Unterstützung wünschen. So ist von Montag bis Freitag unter der Kirche St. Theodor, im Basement, die Kinderkammer für Mütter und Väter da, die jede Art von Kindersachen bekommen möchten. Sehr erwünscht sind die Fahrräder. Kaufen Sie mal für drei Kinder Fahrräder, dann sind Sie arm! Wir bekommen gebrauchte und alte Räder geschenkt und geben sie, von guten Menschen repariert und auf Hochglanz gebracht, weiter. Jedes Jahr bald zweitausend. Es waren auch schon einmal mehr, als wir mehr gebrauchte Räder bekamen.

Gerne würde ich auf unsere Lebensmittelausgabe jeden Dienstag verzichten. Es demütigt sicherlich die Menschen, wenn sie im Halbstundentakt anstehen. Doch sie sagen uns: »Bitte macht weiter, es hilft uns sehr.« Außer den beiden, die das Ganze leiten, sind alle Mitarbeitenden selber von Armut bedroht.

Gewünscht wird von den Schulen psychologische Unterstützung der Kinder und Jugendlichen. So können wir über Zuschüsse, Stiftungen und Spenden für einige Stunden eine Psychologin einsetzen. Gewünscht war vom Leiter der Gesamtschule die Unterstützung beim Frühstück an jedem Schultag für all die, die von zu Hause mit leerem Magen losgehen.

Sehr erwünscht ist das Angebot unserer ökumenischen Familienwerkstadt, die ich im nächsten Punkt unseres Leitbildes vorstelle.

Die kirchliche Entwicklung in den USA zeigt, dass die Menschen in die Gemeinden gehen, wo ihre Wünsche erfüllt werden (Hierzu z. B. das Buch *Rebuilt* von Michael White und Tom Corcoran. Verlag Pastoralinnovation, deutsche Ausgabe, 3. Auflage 2018). »Gehen« heißt in den Vereinigten Staaten eher »Fahren«: das Auto bringt Menschen zu der Gemeinde, die sie sich auswählen, nicht zur nächstgelegenen. Sie besuchen im Durchschnitt 2,8 Kirchen, bevor sie sich für eine Gemeinde entscheiden. Wenn sie in der dritten Gemeinde auf dem Parkplatz eintreffen, werden sie von *greetern* empfangen, wie am Sonntag in unserer Kirche. Allerdings beginnt es doch anders als bei uns mit dem Stellplatz für das Auto: Die Neuen bekommen den besten. Dann werden sie zum Empfang begleitet. Und hier gilt dann das Gesetz des Schuhgeschäftes, wie oben beschrieben. Sie erhalten Informationen, werden dann aber in Ruhe gelassen. Nach dem Gottesdienst gibt es viele Angebote für Familien, Singles und natürlich für Jugendliche. Man kann den ganzen Nachmittag in der Kirche und ihren Räumen verbringen.

Der Pfarrer in einer solchen Kirche wird gefragt: »Wie halten Sie es als Fan klassischer Musik aus, dass in den Gottesdiensten immer nur von der Live-Band (unverzichtbar!) gefällige Musik gespielt wird?« Antwort: *It's not for me.* Gottesdienste sind nicht für den Pfarrer (und auch nicht für einen Bischof)! Denn gewünscht wird von den Menschen eben etwas anderes als Klassik, nämlich Gefälliges, leicht Verdauliches, im positiven Sinne Populistisches.

Die Menschen in den modernen, oft sehr großen Kirchen in den USA wünschen sich auch Engagement. Es gibt eine Vielzahl von Gruppen für Liturgie, Kinderkatechese, Caritas. Und die wichtige Gruppe für die Finanzierung des Ganzen über Spenden. Eine Kirchensteuer wie bei uns existiert ja nicht. Also blüht und gedeiht eine Pfarrei nur dann, wenn sie die Wünsche der Menschen ernst nimmt.

Die Wünsche in den Blick nehmen, ohne ungerecht zu sein oder sich anzubiedern, zeigt das Vorbild des Heiligen Eustachius im Bayern des 19. Jahrhunderts. Der Mann gründete mit seinem Brüderorden mehr als 20 Siechenstationen, wie es damals hieß, Krankenhäuser und Altenheime.

Der Journalist Heribert Prantl schaute in die Ordensregel des Eustachius, als seine Mutter in einer Einrichtung war, die auf den Heiligen zurückgeht. Darin heißt es: Wenn ein Bischof ins Krankenhaus kommt, kümmert euch nicht. Da kommen schon flugs welche, die dies tun wollen. Wenn eine Bürgerin zu euch kommt, bitte ordentliche Versorgung. Wenn ein Armer eingeliefert wird, bitte Pflege fünf Sterne plus. Denn es könnte ja Jesus sein.

Jetzt wird es ganz profan. Es gibt nämlich etwas, was sich ausnahmslos alle Menschen in einer Kirche wünschen. Hierzu ein persönlicher Erfahrungsbericht: In einer alten romanischen Kirche vor den Toren Kölns hatte ich eine Seelenmesse übernommen. Der Verstorbene war in unserem Stadtteil Vingst aufgewachsen. Weil er fleißig war, kam er zu einem Eigenheim außerhalb der Großstadt. Wir haben ja in unseren beiden Vierteln den am meisten verdichteten Teil von Köln, also kann hier niemand ein Eigenheim bauen. Inzwischen sollen Einfamilienhäuser wegen des Flächenverbrauchs ja nur noch auf dem Land gebaut werden, wenn überhaupt.

Ich fuhr mit dem Auto hin, per Fahrrad war es zu weit. Als ich ankam, suchte ich als älterer Mann eine Toilette. Ich hatte Glück. In der Kirche war keine, aber im Pfarrhaus sollte es eine geben. Und tatsächlich, als ich an der Tür ankam, traf ich dort den Pastoralreferenten, der mich freundlich auf die Toilette im ersten Stock hinwies. Nach der Heiligen Messe, vor der Beerdigung im übernächsten Dorf, wollte ich noch einmal die Toilette aufsuchen. Ich schellte, doch Fehlanzeige; niemand war mehr im Haus. Zum Glück gab es dann auf dem Friedhof ein WC.

Der Küster in der romanischen Kirche war superfreundlich. Er schenkte mir drei Paar Gummihandschuhe, als ich ihm von der Flächendesinfektion bei uns nach jedem Gottesdienst während der Pandemie erzählte. Ich sagte ihm, dass ich, wenn ich Pastor in der Gemeinde werden würde, sogleich als Hinweis auf den ersten Schritt der Willkommenskultur eine Dixie-Toilette auf meine Kosten vor der Kirche oder im Eingangsbereich aufstellen würde, als Appell an den Kirchenvorstand. Wahrscheinlich gäbe es etwas Ärger. Aber wenn wir die älteren Menschen als Gottesdienstbesucher:innen behalten möchten, geht nichts an der Toilettenfrage vorbei. Natürlich entscheidet der Kirchenvorstand, in dem der Pfarrer nur eine Stimme hat. Aber zum Glück sind in den meisten Kirchenvorständen ja die meisten Mitglieder schon älter, also auch auf funktionierende WCs angewiesen.

Wer junge Menschen gewinnen will, muss andere Sachen machen. Dazu gehört ein Wickeltisch für Babies. Aussuchen sollen ihn die Eltern, nicht die Senioren im Kirchenvorstand. Unserer ist zwar sehr teuer gewesen, aber offensichtlich optimal. Er lässt sich in der sehr großen Behindertentoilette von der Wand abklappen. Pflegedinge stehen bereit. Die behindertengerecht eingerichtete Toilette ist aus meiner Sicht auch ein Muss in den Kirchen. Bei neuen Gaststätten ist sie auch Standard. Ältere Wirtschaften haben einen Bestandsschutz, aber dies sollte kein Vorbild oder Freibrief für unsere Kirchen sein. Denn wir denken von den Menschen her!

Im Kern geht es genau darum: sich fragen, was die Menschen wünschen.

Der Grundstein des Heimes unseres Schützenbruderschaft St. Sebastianus in einer schön umgebauten alten Scheune drückt es so aus: »Nicht Streben nach Gewinn, sondern Streben nach Gemeinsamkeit«. Dann haben nämlich alle den Profit. Es hört sich etwas moderner an als der traditionelle Schützen-Wahlspruch: Glaube, Sitte, Heimat.

Armut heißt, nur wenige Freunde zu haben. In einer Bruderschaft oder in einem funktionierenden Verein ist klar: Mir wird geholfen, wenn es einmal nötig ist. Wer mal keinen Beitrag zahlen kann, weil er arbeitslos wurde, oder Hilfe beim Umzug braucht, bleibt nicht allein. Auf Kölsch heißt das: »Ich loss dich nitt em Riss.«

Mit unseren evangelischen Geschwistern machen wir viel für unser Veedel.

Vor Jahren gab es in Köln vier katholische Familienbildungsstätten: in der gut situierten Südstadt, im wohlhabenden Agnesviertel, im bürgerlichen Deutz und bei uns in der Nähe im Stadtteil Kalk, dem großen alten Arbeiterviertel mit den dazugehörigen Veedel wie Höhenberg und Vingst. Nach dem Wegfall von einigen zehntausend Arbeitsplätzen ein »Stadtteil mit Erneuerungsbedarf«.

Im Rahmen der Sparmaßnahmen des Erzbistums musste einer der vier Standorte wegfallen. Welcher wohl? Der im ärmsten Bereich, wo die Familienförderung am wichtigsten ist.

Leider spart auch die Kirche manchmal bei den Armen. Weil die sich so schnell nicht wehren? Wir hatten seitens der Kommune in Höhenberg und Vingst auch zwei Haltestellen des Büchereibusses, die wegfielen. Allerdings muss auch angemerkt werden, dass die städtische Bücherei in Kalk-Mitte ein Leuchtturmprojekt der Bürgernähe geworden ist.

Unsere Pfarrbücherei ist jetzt die einzige Bücherei für die 26.000 Menschen in HöVi. Da machen die Kinder aus den Kitas im Veedel ihren »Büchereiführerschein« und essen danach den Bücherwurm, einen sehr langen Kuchen, vorne mit zwei Augen.

Als die Familienbildungsstätte wegfiel, musste die Ökumene ran.

Nach dem Motto: Ökumene ist doppelt so gut und halb so teuer. Nein, sogar nur fünf Prozent. Statt vielleicht vier Hauptamtlichen einer Familienbildungsstätte arbeitet für die ökumenische Familienwerkstatt eine Dame mit 520-Euro-Job, um die Arbeiten am Computer zu erledigen. Getragen wird das Projekt von vielen Ehrenamtlichen mit Unterstützung der evangelischen Jugend- und Familienleiterin und unseres Pastoralreferenten.

Es gibt über 100 verschiedene Angebote im Jahr. Von der Krabbelgruppe über die Hausaufgabenhilfe bis zum Museumsbesuch. Vor allem geht das Programm immer von den Wünschen der Menschen aus. Wenn Eltern sagen: Wir möchten den Kurs »Wie kann ich mein Kind beim Übergang in den Beruf unterstützen?«, dann wird der gemacht.

Das Familienwochenende ist jedes Jahr nach einer halben Stunde ausgebucht. Viele Angebote gibt es für spezielle Gruppen: Väter und Kinder, Alleinerziehende, nur für Frauen, ebenso Abende nur für Väter, die immer gut besucht sind.

In der Corona-Zeit ist die Bedeutung der ökumenischen Familienwerkstatt gewachsen, weil die Familien für jede Unterstützung dankbar waren. Zum Beispiel die Familienrallye, sonntags von 14 bis 17 Uhr. Die funktioniert natürlich auch ohne Pandemie. Familien erhalten über eine App Fragen gestellt, die sie auf einem Weg quer durch die Stadtviertel beantworten können. Zu den Fragen zählt (Zwischen-)Menschliches, zum Beispiel »Was war dein schönstes Geburtstagsgeschenk?« und »Was magst du gar nicht?«. Am Stadtrand, auf einer Wiese mit etwas Wald, wird es kreativ: Bilder mit Material aus der Natur gestalten, das sie dort finden; ein Foto davon erhält die Rallye-Leitung. An der nächsten Station heißt es Eltern gegen Kinder: Auf einem Spielplatz geht es darum, möglichst viele Bälle in Basketballkörbe zu versenken. In der katholischen Kirche liegen dicke Bücher zur Geschichte des Stadtviertels aus, darin sind auch die Spiele beschrieben, die Kinder hier vor Generationen spielten – die gilt es herauszufinden. Und in der evangelischen Kirche gibt es Tee und Kakao und ein Merkspiel: kleine Plastikfiguren in einem großen Glas werden eine Minute angeschaut, dann aus dem Gedächtnis aufgezählt … Und nach der Rallye bekommen alle Familien eine Siegerurkunde mit ihren Namen darauf zugesandt; Kinder lieben das.

Viermal in der Woche gibt es die »Lernfüchse« in der Familienbildungsstätte. Ehrenamtliche Jugendliche und Erwachsene treffen sich mit Kindern, die in der Schule nicht so gut mitkommen und deren Eltern ihnen schlecht helfen können. In der Corona-Zeit bestanden unter den Bedingungen der Pandemie vier solcher Nachhilfegruppen.

Die guten Erfahrungen mit den Lernfüchsen haben zur Fortsetzung nach Corona geführt. Hier machen nun auch die

Student:innen mit, die für sechs Stunden soziales Engagement unentgeltlich in Wohngemeinschaften in unserem Veedel wohnen. Die Wohnungen können wir dank guter Menschen anmieten oder kaufen. Neben dem Lernprogramm gibt es jetzt auch Ausflüge oder gemeinsames Kochen.

Nach Corona läuft nun schon lange wieder das normale Programm in unserer ökumenischen Familienbildungsstätte, das Sie im Internet finden (s. die letzte Seite mit Internetadressen).

Die ökumenische Kinderstadt HöVi-Land habe ich bereits vorgestellt. Die Sternsingeraktion Anfang Januar machen wir auch gemeinsam. Es gibt ökumenische Gottesdienste und kirchenmusikalische Zusammenarbeit.

Mit unseren Kollegen aus der Moschee haben wir guten Kontakt, besuchen uns gegenseitig und tauschen uns über unsere Religionen und die Situation im Veedel aus.

Ohne unsere evangelischen Geschwister und den guten Draht zu den Muslimen und anderen Akteuren könnten wir in unserem Sozialraum nicht viel bewegen. Nicht nur, weil es personell nicht ginge; so ist die evangelische Jugendleiterin für uns wie ein Jugendkaplan und wohnt mit ihrer Familie auch in der Kaplanei. Sondern ebenso, weil gerade die jüngeren ehrenamtlichen Engagierten sich eher als »HöVi-Christ:innen« verstehen denn nur als katholisch oder evangelisch. Jedenfalls äußern sie sich so. Was sie aber nicht davon abhält, bei der Fronleichnamsprozession mitzumachen. Und dabei auch die alte Tradition der Blumenteppiche aufzunehmen. Allerdings in moderner Form: etwa als Bild aus vielen Pizza-Kartons, die jeweils von einzelnen oder Gruppen gestaltet ein Patchwork-Bild ergeben. Oder mit Straßenkreide auf den Vorplatz der Kirche gemalt.

Wir machen Fehler. Wir lernen hoffentlich daraus. Tradition ist wertvoll. Dabei gilt: Nichts muss bleiben, wie es ist.

Diese beiden »Leitplanken« kommentiere ich gemeinsam. Denn: Weil wir Fehler machen, müssen wir uns verändern. Aber nicht beliebig. Christentum ist Tradition, die ständige Weitergabe unseres Glaubens; also lassen wir uns auch von ihr die Richtung weisen und übersetzen sie in die heutige Zeit, damit sie verstanden werden kann. Eine unverstandene Tradition ist tot, selbst wenn es sie noch gibt. Wir leben, machen Fehler, lernen, verändern uns, und übersetzen dabei das Überlieferte so gut wir können mit menschlichen Buchstaben in unsere Gegenwart.

Ecclesia semper reformanda ist ein alter Grundsatz: Die Kirche muss immer erneuert werden. Im Sommer 2023 sagte Papst Franziskus bei seinem Besuch in Portugal: »Es ist ein Irrtum, die Lehre der Kirche für einen Monolithen zu halten«. Ein Schlüsselsatz der Theologie lautet: »Jede Aussage über Gott ist ihm unähnlicher als ähnlich«.

»Katholisch« heißt übersetzt aus dem Griechischen »für alle«. So wie es der erste von den zehn Sätzen dieses Leitbildes formuliert hat: »Bei uns ist jeder Mensch willkommen.« Damit dies in der Realität Bestand hat, müssen wir uns bewegen, verändern und erneuern. Und dass wir das wollen und auch können – ist ein Glück. Also: Wie und wohin bewegen wir uns am besten?

Um herauszufinden, worauf es bei Veränderung und Fortentwicklung ankommt, ist ein Blick auf Geistesgrößen und ihre Gedanken hilfreich. Navid Kermani sagte in seiner Dankesrede für den Dönhoff-Preis: »Wenn Politik nicht vom Willen beseelt ist, den eigenen Kindern und Enkeln eine bessere Welt zu hinterlassen, dann wird sie richtungslos. (…) Nur die Aussicht auf Veränderung erzeugt Begeisterung, niemals der Status quo« *(DIE ZEIT,* 25.10.2018, S.1). Dazu fällt mir sogleich Hannah Arendt ein mit ihrem wunderbaren Wort: »Politik ist angewandte Liebe zur Welt.«

Albert Einstein, dem ja die Relativitätstheorie einfiel, obwohl er in der Schule nicht klarkam, formuliert eine gute Bedingung für Veränderung: Probleme kann man niemals mit derselben Denkweise lösen, durch die sie entstanden sind. Auch fallen mir die rund tausend *hidden champions* ein, verborgene, unbekannte Weltmarktführer, mittelständische Firmen in Deutschland. Sie leben vom Erfindungsreichtum der Mitarbeiter:innen. In so einem Betrieb wurde zum Beispiel die ausrollbare Hundeleine erfunden. Die Firma stellt über die Hälfte dieser Hundeleinen auf dem Weltmarkt her. Wichtig für den Erfolg dieser Betriebe ist eine flache Hierarchie, um nicht die Kenntnisse der Menschen in der Produktion zu übersehen. Der Weltmarktführer in Kartoffelerntemaschinen, die Firma Grimme in Damme, hatte ein Problem in China. Die Kartoffeln blieben aufgrund sehr nasser Böden in der Maschine hängen. Also flog eine Task Force Richtung China. An Bord des Flugzeugs nicht die Vorstände, sondern die Leute der Praxis. Denn sie sind nah an den Kartoffeln.

Die Firma WÜRTH kenne ich nicht nur wegen des firmeneigenen Kunstmuseums, sondern auch, weil mein Bruder Schreinermeister ist. Sehr beeindruckt hat mich, wie er Fenster und Türen einsetzt mit der Erfindung dieser Firma aus Künzelsau: Spezialschrauben, die die Abstände zur Wand regulieren. Früher ging es sehr langsam und Pi mal Daumen mit Holzkeilen und Gips, wie noch in unserem hundert Jahre alten Pfarrhaus. Danach kamen dann Spanner, die die Türfutter, also die Bretter an der Seite und oben, auseinander drücken. Mit den neuen Schrauben kann der Tischler in der gleichen Zeit, in der er früher eine Tür einsetzte, jetzt wohl zehn Türen- oder Fensterrahmen am Bau exakt einsetzen.

»Wir selber müssen die Veränderung sein, die wir in der Welt sehen wollen«, hat Mahatma Gandhi gesagt, und das stimmt! Nun gibt es ja Menschen, die lieber von Zuständigkeit reden und möglichst wenig Verantwortung übernehmen wollen, auch die, die alle Veränderungen fürchten. In großen Firmen versucht man, mit Erfindungsprämien Innovation zu befördern. Ich kenne einen Arbeitnehmer, der damit reich geworden ist.

Es wäre aber sinnlos und ist auch gar nicht möglich, in der Kirche mit finanziellen Prämien um neue Ideen zu werben. Sehr wohl jedoch sind Erkenntnisse der Wirtschaftswissenschaften hilfreich, um Veränderung zu gestalten. Ich habe im Rahmen des »Pastoralen Zukunftsweges« unseres Kölner Erzbistums (Informationen im Internet) das Arbeitsfeld »Klimawechsel und Vertrauensarbeit« geleitet. Fünf Frauen und fünf Männer waren in unserer Gruppe. Zwei Jahre waren wir tätig. Wir haben gelernt, zwischen Werten, Haltungen und Werkzeugen zu unterscheiden. Ein Beispiel:

Ein Wert ist die Achtung vor dem Leben jedes Menschen. Eine Haltung ist dann die Rücksichtnahme im Straßenverkehr. Ein Werkzeug dafür ist der »Holländische Griff«. In den Niederlanden mit viel Fahrradverkehr lernen alle in der Fahrschule, die Fahrertür von innen unbedingt mit der rechten Hand zu öffnen. Dabei dreht sich der Oberkörper nach links und der Blick geht automatisch nach hinten. Der tote Winkel ist überwunden und herannahende Radfahrer werden wahrgenommen. Also gibt es weniger Unfälle wegen plötzlich geöffneter Autotüren.

Ähnliche Werkzeuge sind der Verzicht auf Plastiktüten oder das Rauchen in Gaststätten. Beide Werkzeuge wurden nach kurzer Zeit in der Gesellschaft akzeptiert.

Wir haben uns in der Arbeitsgruppe mit *Change management* beschäftigt, wie es natürlich auf Englisch in der Wirtschaftswissenschaft heißt. Klaus Doppler ist dafür ein führender Experte. Er schreibt in seinem Buch *Change – wie Wandel gelingt* (Verlag Campus, Frankfurt a. M. 2017, S. 30): »Change ist kein Wert an sich, ebenso wenig wie Kontinuität. Grundsätzlich geht es aus meiner Sicht immer um Zukunftsfähigkeit, also um das Überleben. Change ist dann notwendig, wenn das relevante Umfeld die Unternehmen unter Druck setzt, sich anzupassen oder ihre Existenz zu riskieren. (...) Es ist sozusagen von außen nach innen zu analysieren im Hinblick auf Chancen und Bedrohungen, mit dem übergreifenden Ziel ›Zukunftsfähigkeit‹.«

In unserer Gruppe haben wir sieben Haltungen beschrieben, welche die Kirche zukunftsfähig machen sollen. Dabei beachten wir, was Professorin Babette Julia Brinkmann von der Technischen Hochschule in Köln schreibt: »Selbstorganisation von oben zu verordnen ist absurd. Kurz gesagt: Vertrauen ist das, was entsteht, wenn sich alle gemeinsam nach allen Regeln der Kunst selbst organisieren« (*FAZ*, 16.07.2018, S. 18). Die sieben Haltungen:

1. Gott vertrauen.
   Wir staunen, dass Gott uns Menschen vertraut und in seinem Sohn sogar Mensch geworden ist. So sind wir dankbar und gelassen und wagen neue Aufbrüche. Denn wir wissen, dass Gott uns begleitet. Das persönliche und gemeinsame Gebet gibt uns Kraft, auch um andere Menschen zu ermutigen.

2. Menschen hören.
   Wir sind weltoffen und betrachten alle Menschen mit Respekt. Wir begegnen uns ehrlich und authentisch. Weil Gott sich für uns interessiert, interessieren wir uns füreinander. Wir denken also von den Menschen her und vermeiden Besserwisserei. Wir halten uns über Entwicklungen in der Gesellschaft auf dem Laufenden.
3. Neues denken.
   Wir sind bereit, uns zu verändern. Kreativität ist angesagt. Fehler sehen wir als Chancen, um zu lernen nach dem Motto: Ausprobieren, Reflektieren, Weitermachen. Wir ermutigen andere, an der Sendung der Kirche teilzuhaben. Gott selbst ist schöpferisch und spendet Leben. Also gilt es für uns, aufzubrechen wie Abraham und Moses.
4. Barmherzig sein.
   Wir erkennen Verletzungen und Fehler an und sorgen für Wiedergutmachung. Wir leben Versöhnung und gestalten eine Kultur des Miteinanders. Wir achten die Würde jedes Menschen, weil wir alle die Barmherzigkeit Gottes spüren. So sind wir aufmerksam für Verwundungen und nachsichtig bei Fehlern. Es gilt die Option für die Armen.
5. Nachhaltig handeln.
   Wir bewahren und gestalten die Schöpfung. Unseren Glauben geben wir froh und kraftvoll weiter, besonders auch in ökumenischer Zusammenarbeit. Denn Gott hat uns die Welt anvertraut und der Papst uns die enge Verbindung zwischen Armen und der Anfälligkeit des Planeten verdeutlicht. In jedem, besonders dem Armen, begegnet uns Christus.
6. Verantwortung teilen.
   Wir sind Mitarbeiter:innen am Reich Gottes. Führung und Leitung sehen wir als Dienst und beachten Subsidiarität. Denn alle Menschen haben Fähigkeiten zum Wohl aller, die

sie in Freiheit einsetzen. Also gibt es Regeln zur Machtbegrenzung, Machtkontrolle und Teilhabe für alle. Ressourcen sind dann für alle da.

7. Spaß an der Freud.
   Als rheinische Christinnen und Christen sind wir mit Leidenschaft katholisch. Wir genießen die vielfältigen Formen des Glaubens und machen unsere Freude sichtbar. Denn Gott schenkt uns Leben in Fülle und will, dass wir an seiner Glückseligkeit teilhaben. Wir freuen uns über Humor und gestalten einladende Räume.

Um sich selbst zu organisieren, braucht es eine gute Theorie, dann aber vor allem eine gute Praxis. Wie es Friedrich Wilhelm Raiffeisen, der Begründer der Genossenschaften, schon im 19. Jahrhundert formuliert hat: »Prediger haben wir genug. Wir brauchen Praktiker.«

Praktisch sind also die Werkzeuge, die sich aus den Haltungen herleiten. Einige Beispiele aus unserer Gemeinde:

Willkommenskultur: Unsere Kirchen und Pfarrräume sind einladend. Wer sie nutzt, findet sie nicht vollgestellt mit den Erinnerungen vergangener Gruppierungen. In den Kirchen werden nicht die Gummibäume abgestellt, die für die Wohnungen zu hoch gewachsen sind.

Greeter: Das englische Wort meint die Damen und Herren, die die Menschen begrüßen, die zum Gottesdienst kommen. Für kleine Kinder weisen sie auf die Stühlchen hin, die am Eingang bereitstehen.

Beamer: Die Lieder, die im Gottesdienst gesungen werden, wirft der Beamer auf die Wand hinter dem Altar. Gerade für ältere Menschen ist es so besser zu erkennen als aus dem Gebetbuch.

Toiletten: In der Kirche gibt es mehrere davon.

Gremienkultur: Alle Sitzungen sind mit einer Tagesordnung gut vorbereitet, mit einem Zeitrahmen für die einzelnen Punkte. Der Vorstand des Pfarrgemeinderates hat sich für seine Arbeit ausbilden lassen.

Wertschätzung: Die Dienste von Küster:innen und Sekretär:innen werden hoch geachtet. Sie sind ja oft die ersten, mit denen Menschen Kontakt aufnehmen. Ihre Freundlichkeit öffnet das Entree zur Gemeinde.

Kirchencafé: Nach dem Gottesdienst am Sonntag sind alle eingeladen zu Kaffee und Kuchen. Zwei moderne Kaffeeautomaten bieten auch Espresso, Cappuccino und Kakao an. Verschiedene Sorten Teebeutel stehen bereit. Das Kirchencafé wird gerne auch für Sitzungen oder den Bibelkreis genutzt, weil eben heiße Getränke zur Verfügung stehen.

Bücherei: Sie grenzt an das Kirchencafé. Da auch muslimische Mitbürger:innen Medien ausleihen, ist die Bücherei auch sonntags während der Heiligen Messe geöffnet, was früher wohl undenkbar war.

Raumnutzung: Einige Gruppen wie Messdiener, Pfadfinder oder Katholische Junge Gemeinde haben Räume in ihrer Obhut, vergeben sie aber auch an andere Gruppen.

Pfarrsaal: Weil der Saal an Vormittagen von der Gemeinde nicht genutzt wird, treffen sich dort Geflüchtete und Lehrer:innen zum Sprachunterricht.

Aktion: Um die Veränderungen in der Pfarrei bekannt zu machen und als Anstoß für andere hat der Pfarrgemeinderat mit dem Kirchenvorstand die Aktion »Veränderung. Gemeinsam. Jetzt!« gestartet. An alle Seelsorgebereiche im Erzbistum Köln wurden Postkarten, farbige Banner zum Aufhängen im öffentlichen Raum (s. das Bild, hier in schwarz-weiß) und erklärende Infos geschickt. Als eine Familie aus unserer Gemeinde von einer Wanderung im Bergischen Land nach Hause kam, wusste sie zu berichten, dass auch dort unser Banner vor einer Kirche hing. An unseren beiden Kirchen haben wir, auf LKW-Folie gedruckt, das Aktionsplakat wetterfest aufgehängt.

Wo entsteht die Zukunft der neuen Kirche? Genau: in unserer Gemeinde in HöVi! Und in Ihrer Gemeinde vor Ort! Weniger in Rom. Subsidiarität heißt auch: Wir – nicht: »ich«, nicht »die da oben« –, wir vor Ort sind für Kirche verantwortlich. Dann ist doch klar, dass wir uns verändern müssen, das Tradierte übersetzen und allgemein verständlich machen wollen, damit Kirche für uns und alle in der Nähe nützlich ist.

Das ist erst an zweiter Stelle eine theologische Einsicht, die aus der unfehlbaren demokratischen Verantwortung des gesamten Gottesvolkes folgt – darauf gehe ich in Kapitel 10 über die rheinische Art, miteinander Kirche zu sein, näher ein. Es gibt vorrangig einen sehr soliden praktischen Grund, die Kirche zuerst und vor allem vor Ort zu erneuern. Dabei gilt wieder: Die Wirklichkeit geht vor der Idee.

Am 14. November 2023, kurz vor Abschluss der Arbeit an diesem Buch, wurde die sechste »Kirchenmitgliedschaftsuntersuchung« vorgestellt. Die wird alle zehn Jahre von einem Meinungsforschungsinstitut mit großem methodischen und soziologischen Aufwand für die EKD erhoben; diesmal, bei der »KMU 6«, war sie zum ersten Mal ökumenisch aufgetragen und durchgeführt worden. Was das Institut Forsa dabei herausfand, war die sehr heftige Fortsetzung eines bekannten Trends: Mittlerweile haben 56 Prozent der Menschen in Deutschland mit Religion und Glaubensgemeinschaften nach eigener Aussage praktisch nichts mehr am Hut. Dazu zählen auch viele Noch-Kirchenmitglieder, evangelisch und katholisch. Neben diese größere Hälfte der Bevölkerung kommt ein weiteres Viertel, genau 25 Prozent, von »Religiös-Distanzierten«. »Kirchlich-Religiöse« sind eine kleine Minderheit: ökumenische 13 Prozent. Austrittsüberlegungen beschäftigen – nach all den schon erfolgten Austritten – gut zwei Drittel aller Kirchenmitglieder, kleine Unterschiede bei evangelischen, da sind es weniger, und katholischen: mehr. Trendwende: nicht in Sicht.

Spannender noch als ihre Höhe ist, was all die gesammelten Zahlen an Inhalten und Rückschlüssen offenbaren. Trotz zunehmender Distanzierung und Säkularisierung erwarten die Kirchenmitglieder wie die ganze Gesellschaft von den Kirchen vor allem soziale Aktivitäten, zum Beispiel für Flüchtlinge, und Eintreten für Solidarität. Außerdem erfahren kirchliche Mitarbeiter:innen vor Ort viel Anerkennung. Der Journalist Reinhard Bingener, selbst Theologe, zieht daraus diesen richtigen Schluss (*FAZ*, 15.11.2023, S. 8): »In der Zusammenschau mit anderen Studien spricht dies dafür, dass die Kirchen auf Gemeinden setzen sollten, die sich aktiv in ihre jeweiligen Sozialräume integrieren.« Und: »Wichtig ist ganz unten, also Kirche vor Ort und in der Region, während alles darüber bis hin zu EKD oder Papst wenig Bedeutung zugeschrieben wird.«

Kirche ist ein Ort in der Nähe. Nur da können Menschen tatsächlich erfahren, dass Kirche sich – mit ihnen und durch sie – verändert.

Jesus beginnt sein irdisches Wirken mit dem Aufruf zur Veränderung: »Die Zeit ist erfüllt, das Reich Gottes ist nahe. Kehrt um und glaubt an das Evangelium«. (Mk 1,15) Schärfer noch als dieses Jesus-Wort war die Aufforderung zur Umkehr formuliert, als ich in Irland ein Buch kaufte. Ich machte vor Jahren einen Sprachkurs zur Auffrischung meiner Englisch-Kenntnisse in Cork. Im Gymnasium hatte ich neun Jahre Latein und sechs Jahre Altgriechisch, kaum Englisch. Ich fuhr nach Irland, weil mich außer dem Sprachkurs auch interessierte, wie es um die Kirche dort steht, im einst neben Polen katholischsten Land Europas. Der Buchtitel gab mir die Antwort: *Change or decay*. Ändern oder zerfallen.

Jede Bewegung beginnt mit dem ersten Schritt. Aus meinen neun Jahren Latein weiß ich immerhin: *Quidquid agis, prudenter agas et respice finem*. Was du tust, mach es klug und schau auf das Ziel. Zwei weitere Sprichwörter sind hilfreich: *Ne quid nimis*. Nicht übertreiben! Und: *Dosis facit venenum*. Die Menge macht das Gift. Was ja auf jeden Fall für Alkohol gilt. So kann ein Grundsatz der Anonymen Alkoholiker den nächsten Schritt zur Veränderung einleiten: »Nimm mit Gelassenheit auf dich, was du nicht verändern kannst. Ändere beherzt, was du ändern kannst. Versuche klug, das eine vom andern zu unterscheiden.«

Manfred Lütz schreibt in seinem Bestseller *Der blockierte Riese. Psychoanalyse der katholischen Kirche* (Verlag Pattloch, München, überarbeitete Neuauflage von 2014 mit einem Franziskus-Update) über den einzuschlagenden Weg der Kirche: »Jedenfalls gilt aus systemischer Sicht, dass alle Ziele, die nicht die Notwendigkeit der eigenen Änderung einschließen, mit Skepsis zu betrachten sind« (S. 281). Und voll und ganz stimme ich seinem Satz zu: »Den christlichen Glauben denkt man sich nicht aus, man muss ihn erleben« (S. 160). Die zehn Leitplanken, die unser Pfarrgemeinderat formuliert hat, möchten genau dies befördern: in erlebbarer Nähe.

Vielleicht sei nun uns in der Gemeinde, in der Kirche und Ihnen als Leitplanke zur Veränderung, womöglich zum Glück, noch Paulus aus seinem Römerbrief, 12,9–18, zitiert:

> »Ich ermahne euch also, Brüder und Schwestern, kraft der Barmherzigkeit Gottes, eure Leiber als lebendiges, heiliges und Gott wohlgefälliges Opfer darzubringen – als euren geistigen Gottesdienst. Und gleicht euch nicht dieser Welt an, sondern lasst euch verwandeln durch die Erneuerung des Denkens, damit ihr prüfen und erkennen könnt, was der Wille Gottes ist: das Gute, Wohlgefällige und Vollkommene!
>
> Denn aufgrund der Gnade, die mir gegeben ist, sage ich einem jeden von euch: Strebt nicht über das hinaus, was euch zukommt, sondern strebt danach, besonnen zu sein, jeder nach dem Maß des Glaubens, das Gott ihm zugeteilt hat! Denn wie wir an dem einen Leib viele Glieder haben, aber nicht alle Glieder dieselbe Aufgabe haben, so sind wir, die vielen, ein Leib in Christus, als Einzelne aber sind wir Glieder, die zueinander gehören. Wir haben unterschiedliche Gaben, je nach der uns verliehenen Gnade. Hat einer die Gabe prophetischer Rede, dann rede er in Übereinstimmung mit dem Glauben; hat einer die Gabe des Dienens, dann diene er. Wer zum Lehren berufen ist, der lehre; wer zum Trösten und Ermahnen berufen ist, der tröste und ermahne. Wer gibt, gebe ohne Hintergedanken; wer Vorsteher ist,

setze sich eifrig ein; wer Barmherzigkeit übt, der tue es freudig.

Die Liebe sei ohne Heuchelei. Verabscheut das Böse, haltet fest am Guten! Seid einander in brüderlicher Liebe zugetan, übertrefft euch in gegenseitiger Achtung! Lasst nicht nach in eurem Eifer, lasst euch vom Geist entflammen und dient dem Herrn! Freut euch in der Hoffnung, seid geduldig in der Bedrängnis, beharrlich im Gebet! Nehmt Anteil an den Nöten der Heiligen; gewährt jederzeit Gastfreundschaft! Segnet eure Verfolger; segnet sie, verflucht sie nicht! Freut euch mit den Fröhlichen und weint mit den Weinenden! Seid untereinander eines Sinnes; strebt nicht hoch hinaus, sondern bleibt demütig! Haltet euch nicht selbst für klug! Vergeltet niemandem Böses mit Bösem! Seid allen Menschen gegenüber auf Gutes bedacht! Soweit es euch möglich ist, haltet mit allen Menschen Frieden!«

Aber vielleicht ist das jetzt auch ein bisschen zu viel. Gehen wir erst mal los und bewegen uns zwischen eher niedrigen Leitplanken vorwärts. Vielleicht kommen uns dann das große Glück und der Frieden mit allen Menschen ein kleines Stück entgegen.

8. Schwingungen und Widerhall

Im Oktober 2022 erschien ein neues Buch von Hartmut Rosa mit dem seltsamen Titel: *Demokratie braucht Religion* (Verlag Kösel, München 2022). Warum denn das?

Der Soziologe sieht nicht nur die Kirche in der Krise, sondern die ganze Gesellschaft. Er hat den Begriff vom »rasenden Stillstand« erfunden, um deutlich zu machen, dass wir zwar immer mehr produzieren, kaufen, arbeiten …, aber dabei immer weniger wissen, warum und wozu. *Citius, altius, fortius* – schneller, höher, weiter, aber ohne Ziel. Hartmut Rosa schreibt: »Die to-do-Liste explodiert« und »Das Gefühl, lange geht das nicht mehr gut, ist zum kulturell dominanten Gefühl geworden« (S. 42 u. 45). Wie soll da denn nun ausgerechnet Religion helfen?

Hierfür ist es wichtig zu verstehen, was der Soziologe unter *Resonanz* versteht. Mit diesem Wort als Titel hat er auch ein Werk von 800 Seiten geschrieben (Verlag Suhrkamp, Berlin 2016), fasst es aber zum Glück im neueren schmalen Büchlein knapp zusammen.

Erstens: Für Resonanz braucht es die Anrufung. Das Baby schreit, Mutter oder Vater reagiert. Also: Mir hört jemand zu.

Zweitens: Daraus entsteht Selbstwirksamkeit. Mir wird zugehört, also fühle ich mich lebendig. Bei einem Vortrag oder einer Predigt kann die Wissenschaft das sogar messen: Atemfrequenz, Herzschlag und Hautwiderstand verändern sich, wenn Resonanz entsteht.

Drittens: Wenn ich mich mit dem verbinde, was mich erreicht, entsteht eine Transformation, wie Rosa es nennt, ein Moment der Lebendigkeit. Besonders spürbar ist dies wohl in der Musik.

Viertens gilt die Unverfügbarkeit. Resonanz kann man nicht kaufen, herstellen oder erzwingen.

Worauf es im Kern ankommt, illustriert Hartmut Rosa mit dem Wort vom »hörenden Herzen« aus der Bibel. Der junge König Salomon bekommt im Traum von Gott einen Wunsch freigestellt – wie von einer guten Fee. Er wünscht sich nicht ein großes Reich, eine schöne Prinzessin oder haufenweise Gold, sondern ein hörendes Herz, damit er die Menschen versteht.

Davon ausgehend schreibt Rosa, besonders die Kirchen verfügten über »Narrationen, über ein kognitives Reservoir, über Riten und Praktiken, über Räume« (S. 55), in denen das hörende Herz eingeübt werden und Resonanz entstehen kann.

Sehr gut finde ich, wie der Soziologe in einem Zeitungsinterview (*Kölner Stadtanzeiger*, 16.12.2022, S. 21) selbstkritisch seine Beziehungsidee vom hörenden Herzen betrachtet: »In dem Moment, in dem Kirchenleute daherkommen und behaupten, sie wüssten schon, was Gott sagt, da verschließen sie umstandslos und erbarmungslos alle Resonanzquellen. ›Gott sagt …, und deshalb musst du …‹ Nein! Niemand will sich sagen lassen, was er tun muss, weil ein anderer es von oben gehört zu haben glaubt.«

Wenn wir Kirchenleute uns diesen Gedanken von Hartmut Rosa zu Herzen nehmen, öffnet sich ein Raum der Kommunikation. Vor einiger Zeit hat Rosa bei den Salzburger Hochschulwochen gesagt: »Die Kirchen haben das gleiche Problem wie die Politik: Die Menschen spüren keine Resonanz.« Hier ist der Gedanke der Unverfügbarkeit entscheidend.

Also habe ich flugs Rosas Buch mit dem Titel *Unverfügbarkeit* erworben (Erstveröffentlichung im Verlag Residenz, Salzburg 2018; als Taschenbuch im Verlag Suhrkamp, Berlin 2020). Zum Glück hat es nicht 800 Seiten wie sein Werk *Resonanz*, sondern nur 130. Das folgende Zitat kann ein Vademecum kirchlichen Lebens sein, fast ein Grundgesetz jeder Verkündigung:

> »Resonanz erfordert den Verzicht auf die Kontrolle des Gegenübers und des Prozesses der Begegnung, zugleich aber auch (das Vertrauen in) die Fähigkeit, die andere Seite zu erreichen und responsiven Kontakt herstellen zu können. Der Grundkonflikt der Moderne … besteht in der kategorialen Verwechslung von Erreichbarkeit und Verfügbarkeit« (Taschenbuchausgabe S. 66).

Dazu fällt mir als Küchenpsychologe gleich der Spruch ein: Gut ist das Gegenteil von gut gemeint. Oder das Wort Rekrutierung. Das funktioniert nie in Glaubens- und Kirchenfragen. Glaube ist immer ein Geschenk Gottes. Wir können den Raum der Erreichbarkeit in der Kirche offenhalten. Wir können auch den Glauben vorschlagen, wie es in der französischen Kirche heißt: *proposer le foi*. Wenn wir dann auch noch mit allen Menschen guten Willens zusammenarbeiten, erreichen wir ja viele. Ob das den Glauben stärkt oder zu ihm führt, ist für uns unverfügbar. Dafür ist der Herrgott zuständig – und natürlich der Mensch, der ihm begegnet.

9. Recht und Vertrauen

Oft werde ich gefragt, was ich denn über die Situation im Erzbistum Köln denke. Sollte Kardinal Woelki zurücktreten? Er hat ja schon vor längerer Zeit dem Papst seinen Rücktritt angeboten und dann eine Auszeit genommen auf Geheiß des Papstes. Die Kirchenaustritte explodieren und zurzeit (Sommer und Herbst 2023) wird gegen den Kölner Erzbischof von der Staatsanwaltschaft wegen Meineids ermittelt. Natürlich gilt für ihn wie für jede und jeden in dieser nebulösen Zwischenlage zuerst einmal die Unschuldsvermutung.

Um es direkt auf den Punkt zu bringen: Ich bin nach wie vor davon überzeugt, dass der Kardinal eine ehrliche Haut ist. Er will das Beste, macht aber das Falsche. Er will Recht behalten, auch wenn das Vertrauen in die Kirche verdunstet. Laut der großen *Kirchenmitgliedschaftsuntersuchung*, der KMU 6, veröffentlicht im November 2023, vertrauen nur noch neun Prozent der Menschen in Deutschland der katholischen Kirche, der evangelischen Kirche noch 24 Prozent.

Warum glaube ich dennoch, dass der Erzbischof eine ehrliche Haut ist? Zum einen kenne ich ihn persönlich. Er kommt wie ich aus der damals kinderreichen Bruder-Klaus-Siedlung in Köln, in den fünfziger Jahren mit Hilfe der Kirche für kinderreiche Familien errichtet und von Kardinal Frings eingeweiht. Es gibt sogar ein vergilbtes Foto von mir mit dem berühmten Kardinal bei der Einweihung. Mein Bruder war einige Jahre lang mit Rainer Maria Woelki in einer Schulklasse. Zum andern ist allgemein unbestritten, dass sich Erzbischof Woelki intensiv um die Missbrauchsaufklärung im Erzbistum bemüht hat. Er steht früh an der Spitze der Aufklärung.

Warum treten dann immer mehr Menschen aus der Kirche aus, warum stellen sich Messdiener während der Predigt mit dem Rücken zum Erzbischof, warum weigern sich Menschen in Kirchenchören, in einem Gottesdienst zu singen, den der Kardinal zelebriert?

Aus meiner Sicht ist es der Weg über das Recht und die Gerichte, der das Vertrauen zerstört. Die meisten Menschen haben Angst vor einem Gerichtsprozess. Sie möchten alles, aber nicht vor Gericht zitiert werden. Gerade für Christen ist diese Einstellung falsch, wenn sie die Bibel lesen. Im Alten, ersten Testament ist bis auf ganz wenige Stellen Gott der gerechte Richter. Er verhilft den Armen, Witwen und Waisen endlich zu ihrem Recht. Gott ist der Garant der Gerechtigkeit! Und unsere Republik gründet nicht nur auf dem Prinzip der Demokratie, sondern auch, genauso wichtig, auf dem der Rechtsstaatlichkeit, dazu gehört eine unabhängige Gerichtsbarkeit.

Ohne Resonanz kein Vertrauen

Heutzutage baut sich Vertrauen für die meisten Menschen jedoch anders auf als über Recht und Urteile: über Beziehungen, Solidarität, Gemeinschaft.

Es geht dabei besonders um Resonanz. Ich habe im Kapitel zuvor den Bestseller des Soziologen Hartmut Rosa vorgestellt: »Demokratie braucht Religion«. Klar braucht die Demokratie auch die Religion, weil die Demokratie selbst nicht alles bestimmen, begründen und schon gar nicht versprechen kann und darf. Aber die Religion, die aus anderen Ressourcen schöpft, muss auch Resonanz produzieren. Die Leute müssen den deutlichen Eindruck haben, dass sie vorkommen, dass es um sie geht in der Religion und in den Kirchen. Dieser Eindruck verdunstet immer mehr, vor Jahren nur allmählich, jetzt zunehmend schneller. Daran müssen wir in der Kirche arbeiten: wir einfachen »Indianer«, die Mitarbeiter:innen an der Basis, natürlich auch die »Häuptlinge«, die Bischöfe.

Das Problem ist, dass die Leitung in unserem Erzbistum meint, aufgelaufene Konflikte juristisch lösen zu können. Aber Resonanz hat mit Recht nichts zu tun, sondern mit Vertrauen. Wenn man Recht haben und behalten und mit allen juristischen Mitteln durchsetzen will und auch noch mit eigener amtlicher Autorität gegen den öffentlichen Anschein dessen, was richtig und rechtens wäre, darauf beharrt, zerstört man Resonanz. Noch einmal das Rosa-Zitat: »In dem Moment, in dem die Kirchenleute daherkommen und behaupten, sie wüssten schon, was Gott sagt, da verschließen sie umstandslos und erbarmungslos alle Resonanzquellen. (...) Niemand will sich sagen lassen, was er tun muss, weil es ein anderer von oben gehört zu haben glaubt.«

Genau da liegt der Hund begraben.

Der tote Hund erstreckt sich eben von der Schnauze bis zum Schwanz: Vom Selbstverständnis bei der religiösen Verkündigung – »Ich sage euch, was Gott will« – über die Ordnung und Verwaltung der Gemeinden, Pfarreien und Bistümer, der Finanzen und des Bauwesens bis schließlich zum Umgang mit besonderen und schwerwiegenden Problemen wie dem Missbrauch in der Kirche. Etwa so: Wir, die Bischöfe, zwar selbst Teil des Problems durch jahrzehntelangen, teils verantwortungslosen Umgang damit, sorgen jetzt für die Aufklärung und Behebung des Problems, denn das ist unser Recht, und damit stellen wir Recht wieder her.

Vielleicht hilft allen in der Kirche, den Christinnen und Christen, darunter den kirchlichen Mitarbeiterinnen und Mitarbeitern und wiederum darunter auch den Bischöfen, ein

Perspektivwechsel, wo er nicht längst geschehen ist: Ich muss weg von »meinem« Recht, mit dem ich dem Richtigen, wie ich es sehe, Geltung verschaffen will, hin zu Vertrauen. Das kann ich ja nicht einfordern: Vertraut mir, denn ich bin der Pastor oder ich bin der Bischof. Diese Zeiten sind vorbei.

Statt »Vertraut mir!« hilft »Ich vertraue euch!«

Vertrauen kann ich aber schenken. Ich als Pastor kann zuerst den Menschen Vertrauen schenken, die sich in unseren Gemeinden engagieren: Den vielen Katechetinnen in der Vorbereitung von Erstkommunion und Firmung, die das hervorragend machen und sehr ernst nehmen, genauso wie sie dafür eintreten, dass sich für die Frauen in der Kirche noch viel ändern muss. Den Frauen und Männern in den Pfarrgemeinderäten und Kirchenvorständen, die ihre freie Zeit einbringen, damit Kirche vor Ort stattfindet und funktioniert, und die dann auch entscheiden wollen – weil sie die Kompetenz dafür haben und am besten die Verantwortung für kirchliches Handeln im unmittelbaren Umfeld übernehmen können. Und erst recht den Vielen, die Kirche lebendig werden lassen, weil sie ihren Mitmenschen beistehen: in der Lebensmittelausgabe, in der Kleiderkammer, in der Kinderfreizeit, in der Jugendarbeit, bei Krankenbesuchen … Wem sollte ich denn sonst vertrauen? Auch wenn die alle oft andere Ideen haben als ich und vieles anders machen, als ich es machen würde: Ohne die läuft nichts. Es läuft aber gut mit und wegen ihnen. Ich vertraue ihnen. Und ich habe den Eindruck, schon deshalb vertrauen sie mir auch ein bisschen und hören und sehen drüber weg, wenn ich mal was Dummes sage oder einen Fehler mache.

Mit so einer Perspektive im Vertrauen aufeinander kann man auch gemeinsam in einem Bistum leben und arbeiten und Konflikte, die es überall gibt, austragen und zu einer Lösung führen. Weil dann ein gemeinsamer Resonanzboden da ist. Auf dem kann das Evangelium zum Klingen kommen. Mit vielen Instrumenten und vielen Stimmen. Eine Sologeige macht ja keine Kirche.

Meine Meinung ist: Die Kirche lebt subsidiär von unten her. Das heißt zunächst: Alles, was die Leute vor Ort selber können, muss man ihnen überlassen. Und wenn sich vor Ort herausstellt, die Leistungsträger der Kirche sind die Frauen, dann ist das auch eine klare Aussage für den Glauben der Vielen und eine Ansage für die ganze Kirche.

Wir haben in den Gemeinden Höhenberg-Vingst acht Katechetinnen in der Vorbereitung der Firmung, zwei Ärztinnen, Lehrerinnen und so weiter. Für die ist völlig klar: Wenn sich in der Kirche mit der Übertragung von Verantwortung an Frauen und ihrer Zulassung zur Weihe nichts ändert, sind sie weg. Im Pfarrgemeinderat ist eine junge Frau, sie hat ein Erasmus-Stipendium erhalten, sie sagt: »Ich mache noch so lange mit, wie ich Hoffnung habe, dass auch wir Frauen in der Kirche wahrgenommen werden.« Sie alle sehen das als eine Frage des Vertrauens in ihre Kompetenzen und in ihre Menschenwürde, nicht als eine eines für immer unabänderlich gesetzten göttlichen oder kirchlichen Rechts. Wenn ich im Evangelium lese, wie Jesus Frauen begegnet ist, wie er mit ihnen zusammengelebt hat, wie der Auferstandene sich zuerst an Maria Magdalena gewandt hat: Sollen dann wirklich wir Männer in der Kirche »mit eigenem Recht« weiter dafür sorgen, dass Frauen außen vor bleiben? Wächst so gegenseitiges Vertrauen? Stehen wir damit auf einem gemeinsamen Resonanzboden?

Ich kann auf meinem Recht beharren. Oder ich kann Vertrauen aufbauen, indem ich Menschen vertraue.

Das meine ich mit Perspektivwechsel.

Aus meiner Sicht wird also Kardinal Woelki falsch beraten. Alle Versuche, vor Gericht Recht zu bekommen, nützen dem Vertrauensaufbau nicht. Denn Vertrauen ist ein Geschenk. Man kann es nicht kaufen oder erstreiten, man gewinnt es, wenn man selbst Vertrauen schenkt. Dies weiß auch Kardinal Woelki, denn er ist eine ehrliche Haut.

10. Rheinisch miteinander glauben und Kirche sein

»Über die Wahrheit kann man nicht abstimmen.« Diesen Satz hört man oft in auch hitzigen Debatten über Demokratie in der Kirche. Wenn damit gemeint ist, dass die Kirche nicht wie ein demokratischer Staat funktioniert, stimme ich zu. Der Souverän ist ja nicht das Volk, sondern Christus.

Allerdings funktioniert vieles in der Kirche demokratisch. Nämlich unter Beteiligung vieler und durch Mehrheitsentscheidungen. Die Konzilien im ersten Jahrtausend nach Christus haben das Glaubensbekenntnis nach und nach entwickelt: durch Debatten und Abstimmungen. Im Zweiten Vatikanischen Konzil, dem letzten bis heute, wurde natürlich demokratisch abgestimmt. So konnte sich zum Beispiel das Recht auf Religionsfreiheit als Glaubenswahrheit etablieren.

In der Konstitution *Lumen gentium (Licht der Völker)* begründet dieses Konzil die Demokratie in der Kirche auch theologisch: Der Souverän ist Christus, der von Gott »Gesalbte«, der wiederum durch Salbung (in der Taufe und der Firmung) das ganze Volk Gottes an seiner Souveränität teilhaben lässt. Es heißt in Nr. 12 der Konstitution: »Die Gesamtheit der Gläubigen, welche die Salbung von dem Heiligen haben (vgl. 1 Joh 2,20 u. 27), kann im Glauben nicht irren. Und diese ihre besondere Eigenschaft macht sie durch den übernatürlichen Glaubenssinn des ganzen Volkes dann kund, wenn sie ›von den Bischöfen bis zu den letzten gläubigen Laien‹ *(hier zitiert das Konzil den Heiligen Augustinus; F. M.)* ihre allgemeine Übereinstimmung in Sachen des Glaubens und der Sitten äußert.« Dies ist für mich eine tiefergehende Art von Demokratie im Sinne von Volksherrschaft, als wir sie von Parlamentswahlen und staatlichen Verfassungen kennen. Mit dem Zitat des Augustinus, eineinhalbtausend Jahre alt, verweist das Konzil auf die demokratischen Wurzeln der Kirche.

Hierarchie und Demokratie

Das letzte von einem Papst verkündete Dogma war das von der Aufnahme Marias in den Himmel. Pius XII. hat es 1950 feierlich kundgetan, nachdem er alle Diözesen der Welt befragt hatte, ob die Gläubigen diese Sicht teilen würden. Die Antwort war einstimmig. Alle Glieder der Kirche, vom Papst bis zu den letzten gläubigen Laien, waren also beteiligt an der Wahrheitssuche. Wir feiern diese Glaubenswahrheit jedes Jahr am 15. August. Den Festtag und seinen Glaubensinhalt gibt es jedoch schon seit dem 5. Jahrhundert, zum Dogma wurde dieser Glaube aber erst nach den Schrecken des Zweiten Weltkrieges als Manifestation von Hoffnung.

Nun hat das Erste Vatikanische Konzil, 1869/1870, in einem Dogma dem Papst »Unfehlbarkeit«, *Infallibilitas*, zugesprochen. Das ist eine der unabdingbaren Grundlagen in der Kirchenverfassung, weshalb Pius XII. den Glaubensartikel von der Aufnahme Marias in den Himmel 1950 verkünden konnte. Bis heute ist die päpstliche Unfehlbarkeit umstritten. Die einen legen sie so aus, als erübrige, ja verbiete die hierarchische Verfassung der Kirche – gipfelnd in den Vollmachten des Papstes in Sachen Glaube, Moral und Leitungsgewalt als Ausdruck der obersten Souveränität Christi – ein für alle Mal Demokratie in der Kirche. Andere sehen darin eine Verletzung ihrer eigenen Würde, mangelnde Wertschätzung als Gläubige, sie fühlen sich bevormundet, entmündigt, sie erkennen in der Zuschreibung von so viel Macht an einen Einzelnen einen Widerspruch zum

Evangelium und der darin von Jesus gelebten Wertschätzung eines jeden einzelnen Menschen, besonders der Kleinen und Geringen.

In der Tat: Kirchenhistorische Forschungen belegen, dass das I. Vaticanum in Rom in seinen Entscheidungen unter Druck stand. Von außen durch die politische Lage in Italien, die Auseinandersetzungen um den Kirchenstaat, dann zeitlich unter Druck gesetzt durch den Krieg zwischen deutschen Staaten und Frankreich. Von innen durch Erwartungen, Vorgaben und Interventionen des, ich sage mal, durchaus eigenwilligen Papstes Pius IX. und dem Agieren seiner Anhänger im Vatikan. Die Debatten und auch die Abstimmung über die Unfehlbarkeit – die meisten ihrer Gegner waren vor der Schlussabstimmung abgereist – zeigen keinen im Dialog wachsenden Konsens unter den Bischöfen und auch keine ruhige und völlig regelbasierte Entscheidungsfindung. Aber, unzweifelhaft, es war eine sehr deutliche Mehrheit der Bischöfe dafür. Niemand muss die Art und Weise, wie das Dogma zustande kam, für einen Glanzpunkt der Kirchengeschichte halten. Das Resultat könnte trotzdem stimmen.

Eigentlich hat dann Pius XII. 1950 vorgemacht, wie dieses Dogma päpstlich zu handhaben ist: durch Befragung der ganzen Kirche, »von den Bischöfen bis zu den letzten gläubigen Laien«. Und wenn die Antworten des Gottesvolkes einen großen Konsens in der behandelten Frage ausdrücken, kann der Papst den dann in einer unfehlbaren Glaubens- oder Moralaussage verkünden. Das heißt: Die Unfehlbarkeit des Einen steht im Dienst der demokratisch unfehlbaren Vollmacht aller im Gottesvolk.

So gesehen und praktiziert sind die Entscheidung des Ersten Vatikanischen Konzils mit der Fokussierung auf den Papst und die Konstitution *Lumen gentium* des Zweiten nicht widersprüchlich, sondern sich ergänzend. Und wenn man die Aussage in Nr. 12 von *Lumen gentium* über die Gesamtheit der Gläubigen, die »unfehlbar« ist, berücksichtigt, darf man auch nicht jede einzelne Äußerung eines Papstes oder gar aus dem Vatikan in den Dunst und Anspruch unbezweifelbarer, unfehlbarer Autorität rücken. Die allermeisten Fragen sind offen. Auch kann die Kirche sich in vielen Fragen korrigieren, siehe »Limbus«. Sie kann viele Fragen anders als bisher beantworten, auch die über den Zugang von Frauen zu Diakonat und Priestertum. Der Heilige Geist ist demokratisch und immer in Bewegung.

Jedenfalls behauptet das päpstliche Autorität. Der Papst, der 1950 aus seiner Unfehlbarkeit das bisher letzte von allen Katholik:innen glaubend anzunehmende Dogma verkündete, hat drei Jahre zuvor einen bemerkenswerten Satz in einer Apostolischen Konstitution kundgetan. Pius XII. schrieb 1947 in *Sacramentum Ordinis*, einer Verfügung über die Spendung der katholischen Weihesakramente, dieses: »… omnes norunt Ecclesiam quod statuit etiam mutare et abrogare valere« (Nr. 3). Das heißt: »… so wissen alle, dass die Kirche, was sie festgelegt hat, auch verändern und abschaffen kann« (Denzinger-Hünermann, *Kompendium der Glaubensbekenntnisse und kirchlichen Lehrentscheidungen.* Lateinisch-Deutsch, Verlag Herder, Freiburg 2017, Nr. 3858). Die Kirche kann! Und sie muss, wenn die Zeichen der Zeit das Gottesvolk zu neuen Einsichten führen und Reformen nahelegen.

Um das – was sagen die Zeichen der Zeit und das Gottesvolk? – abwägen zu können, hat Papst Franziskus vor den Bischofssynoden das Instrument der Befragung der Gläubigen, ihrer Partizipation, eingesetzt. Dabei ging es zwar nicht um »unfehlbare« Glaubens- und Moralentscheidungen, sondern um Fragen im Vorfeld, über kirchliche Regelungen und kirchliche Praxis, die vielleicht einer Anpassung bedürfen. Dahinter kommt die Kirche wohl nicht mehr zurück. Es geht vorwärts.

In der Versammlung der Weltsynode im Oktober 2023 sind zum ersten Mal auch Frauen stimmberechtigt. Sie bilden keine Mehrheit oder, entsprechend ihrem Anteil an den Gläubigen, etwa 50 Prozent, sondern sind eine Ein-Siebtel-Minderheit zwischen rund 350 Stimmberechtigten. Es zeigt sich aber doch deutlich, dass sich die Formatierung von Demokratie in der Kirche entwickelt.

Wo bleiben dabei Papst und Bischöfe? Sie haben die Aufgabe zu leiten. Dies verstehen sie als Dienst. Wenn dies nicht nur eine Behauptung ist, also kein Fake, ist es durchaus demokratiefördernd. Traditionell wird der Papst ja sogar als *servus servorum*, als Diener der Diener Gottes bezeichnet. Dabei gilt, was der Jahrhunderttheologe und Kardinal Hans Urs von Balthasar über den Papst ausführt: »Petrus ist als Gestalt eine Unmöglichkeit, die nur im Wollen des ihn stiftenden Ursprungs seine Möglichkeit hat« (*Der antirömische Affekt*, zitiert nach der ersten Ausgabe im Verlag Herder, Freiburg 1974, S. 19). Also gilt auch: »Unfehlbarkeit ist, nach dem I. Vaticanum, keine persönliche Eigenschaft der empirischen Kirche noch ihres Repräsentanten, sondern mitten in der brandenden Versuchung (…) die Spitze, die eben noch aus der Gischt ragt, in dem gottgeschenkten Akt, der die Kirche vor dem Scheitern bewahrt« (ebenda).

Der Kölner Diözesanteil des katholischen Gebet- und Gesangbuchs »Gotteslob« bringt unter der Nr. 705 geistliche Texte aus der Tradition des Erzbistums. Sie beginnen mit einem Auszug aus dem Abschiedswort von Erzbischof Kardinal Joseph Höffner, verfasst am Aschermittwoch 1980. In dem aufgenommenen Teil ist der Satz nicht enthalten, der mich als jungen Priester besonders beeindruckt hat: »Wäre die Kirche nur geschichtliche Gestalt, hätten wir sie längst zugrunde gerichtet, vor allem die Bischöfe und Priester.« Sehr hellsichtig – lange vor der Aufdeckung der Missbrauchstaten. Und sehr selbstkritisch – aus Lebenserfahrung.

Der demokratische *way of life* der Kirche

Demokratie im Sinne von Abstimmung nach den Regeln eines Mehrheitsprinzips und dem Grundsatz *one man, one vote* gibt es in der Kirche schon immer. In den Orden, gerade den ältesten, werden die Äbt:issinnen oder Ober:innen gewählt, auch der Papst kommt aus einer Versammlung von Gleichberechtigten, dem Konklave, nach geheimer Abstimmung. Kirchenvorstände und Pfarrgemeineräte konstituieren sich durch Wahl, ergänzt durch die Möglichkeit der Berufung.

Demokratie lebt aber nicht nur durch Abstimmung. Sie ist auch eine Lebensart, ein *way of life*. Also eine Antwort auf die Frage: Wie gehen wir miteinander um, was sind unsere Grundsätze des Zusammenlebens? Vor Jahren las ich das Buch des äthiopischen Prinzen Asfa Wossen Asserate mit dem Titel *Manieren* (Verlag Eichborn, Frankfurt am Main 2003). Es geht darin nicht um Tischsitten, sondern um Anstand: Wie lässt sich ein respektvoller Umgang gestalten, persönlich wie politisch? Das ist eine sehr demokratie-relevante Frage. Hedwig Richter, Geschichtsprofessorin an der Bundeswehruniversität in München, formulierte es im Oktober 2023 so: »In diesen Tagen zu wählen und ein Bürger zu sein, heißt: Anstand zeigen. Sich der Realität stellen. Womöglich sind wir morgen Flüchtlinge – auch weil der Klimawandel vielen den Boden entziehen wird. Aber wir können noch vieles richten. Wir haben noch viel Luft nach oben, wenn es um Verzichten und Vernünftigsein geht« (*Süddeutsche Zeitung*, 7./8.10.2023, S. 5). Das liest sich wie ein Kommentar zum Papstschreiben *Laudate Deum*, das genau zeitgleich erschien. Darin schreibt Papst Franziskus: »Wie sehr man auch versuchen mag, sie zu leugnen, zu verstecken, zu verhehlen oder zu relativieren, die Anzeichen des Klimawandels sind da und treten immer deutlicher hervor« (Nr. 5).

Was ist darauf die demokratische Antwort im Sinne von Anstand? Verzichten. Runterfahren. Im Kleinen beginnen. So heizen wir unsere Kirche im Winter auf nur 13 Grad. Die Menschen wissen das und ziehen sich warm an.

Natürlich kann dem Klimawandel nur mit einer planetarischen Anstrengung begegnet werden. Dabei gilt aber ganz demokratisch der schöne Spruch: Wenn viele kleine Leute an vielen kleinen Orten viele kleine Dinge tun, können sie das Gesicht der Erde verändern. Hoffentlich!

Katholisch bedeutet entsprechend, die Welt als eine Einheit aller Einzelnen zu denken. Das Ganze erscheint in verschiedenen Formaten, imaginiert in der Pluralität eine Einheit. Also kann als katholisches Prinzip gelten: »et – et«, lateinisch für: sowohl als auch.

Hochtheologisch hat es Hans Urs von Balthasar gesagt: »Die Wahrheit ist symphonisch.« Viele Instrumente gestalten eine Symphonie. Es braucht auch einen Dirigenten – oder eine Dirigentin. Um im Bild zu bleiben: Das könnte der Papst sein.

Einem Lieblingstheologen von Papst Franziskus verdanke ich einen Erkenntnisgewinn. Der Franzose Michel de Certeau meint, es gehe in der Kirche nicht nur um *et – et*, sondern mehr noch um *aut – aut*: weder noch. Das soll heißen: Weder du hast noch ich allein habe den vollen Durchblick, den Besitz und die volle Erkenntnis der Wahrheit. Weder du hast ganz recht noch ich. Katholisch und demokratisch zugleich ist dann, dass wir unsere Sicht der Dinge gegenseitig auf den Prüfstand zu stellen bereit sind und gegebenenfalls zur Korrektur schreiten. Für mich ist dieses Verhalten das, was Papst Johannes Paul II. als Kultur der Nächstenliebe bezeichnet hat. Maß nehmen an anderen. So wie der französische Philosoph Emmanuel Levinas das Wort »Philosophie« übersetzt: Nicht mit »Liebe zur Weisheit«, sondern mit »Weisheit der Liebe«.

Einen weiteren deutlichen Erkenntnisgewinn verdanke ich einem Aufsatz des Theologen Michael Seewald. Er wurde schon mit 29 Jahren Professor für Dogmatik an der Universität in Münster. Im Sammelband *Semper Reformanda, Das Verhältnis von Staat und Religionsgemeinschaften auf dem Prüfstand* (Verlag Herder, Freiburg 2023) steht sein Aufsatz »Dogma, Recht und demokratische Prinzipien in der katholischen Kirche« (S. 363–378). Da schreibt er: »Es ist schwer, genau anzugeben, worin Demokratie als ›way of life‹ genau besteht. Vier Prinzipien erscheinen prägend: das Gleichheitsprinzip, das Mehrheitsprinzip, das Kontrollprinzip und das Normbindungsprinzip« (S. 375). Gleichheits- und Mehrheitsprinzip, führt Seewald aus, werden in der Kirche nur teilweise verwirklicht. Normbindend ist das Evangelium Jesu Christi, das immer wieder neu bezeugt und umgesetzt werden muss. Dem kann auch ein demokratischer *way of life* in der Kirche recht förderlich sein. »So könnte die Kirche zumindest versuchen, dem Evangelium eine institutionelle Form zu geben, die die wirkliche Anstößigkeit des Glaubens – ›das Wort ist Fleisch geworden und hat unter uns gewohnt‹ (Joh 1,14) – nicht unter einer Anstoß erregenden Kirche begräbt, die gern vom Guten predigt und selbst beständig unterbietet, was eine gute Ordnung genannt zu werden verdient« (S. 376).

Und der letzte Satz dieses Aufsatzes spricht mir aus der Seele: »Die Vorstellung, dass eine stärkere Berücksichtigung demokratischer Prinzipien die Kirche verfassungsmäßig auf den Kopf stellen und in ihrem Glauben deformieren würde, ist nichts anderes als ein argumentum ad absurdum, das sich als Sorge um den rechten Glauben tarnt, vermutlich aber nur dem Unwillen entspringt, sich mit der Frage befassen zu müssen, wie das Evangelium in verantworteter Weise zu stets neuer Zeitgenossenschaft geführt werden kann« (S. 377 f.).

Das Buch hat 46 Euro gekostet, die Anschaffung hat sich gelohnt!

Rheinisch demokratisch katholisch

Was für den Klimawandel und die dafür notwendige globale Anstrengung stimmt, gilt auch für die Kirche: Wenn viele kleine Leute an vielen kleinen Orten viele kleine Dinge tun, können sie das Gesicht der Kirche verändern. Noch einmal: Hoffentlich!

Was unsere Gemeinde in HöVi angeht, habe ich in Kapitel 7, »Leitplanken zum Glück«, versucht darzustellen, wie wir – demokratisch – »viele kleine Dinge tun«. Dazu gehört die formale Demokratie durch demokratisch gewählte Gremien und Abstimmungen, was wir in diesen Grundsatz gefasst haben: »Wir entscheiden gemeinsam. Dabei gilt: Ein Mensch – eine Stimme.« Wichtiger noch sind die weiteren Grundsätze – Willkommenskultur, Vielfalt, Transparenz und Ehrlichkeit … –, mit denen wir Demokratie als *way of life* zu gestalten und als Haltung zu leben versuchen. Klar, das erledigt sich nicht dadurch, indem man es in einem »Leitbild« aufschreibt und beschließt. Das ist einfach. Es im Programm und Miteinander dann immer mehr zu verwirklichen, ist ein Prozess, dem sich Gemeindemitglieder, Gremien, Funktionsträger stellen müssen, um gemeinsam den Weg einzuschlagen. Sich auch zu korrigieren, wenn man mal falsch abgebogen ist. Der Weg wird natürlich auch davon bestimmt, durch welche Landschaft er geht. Und das heißt bei uns: Er führt in einem demokratisch verfassten Staat in einer Großstadt durch ein sozial prekäres Viertel, mit sehr vielen Menschen mit Migrationshintergrund und einer muslimischen Mehrheit. Und alle sind Kölsche.

Für die Menschen in unserem leider armen Stadtviertel ist das wichtigste Gut der Demokratie die Gleichheit vor dem Gesetz, die Rechtsgleichheit. Niemand kann sich das Recht erkaufen, Justitia ist auf beiden Augen blind. Armen Menschen bezahlt der Staat anwaltliche Unterstützung. Da bei uns 28 Prozent der Haushalte überschuldet sind, ist Schuldnerberatung ein demokratisches Angebot.

Für die Kirche mag ein Grundsatz hilfreich sein, den der Soziologe Heinz Bude formuliert: »Bürgerliches Recht bricht Kirchenrecht«. Angesichts der Missbrauchsgeschichte ein hilfreiches Vademecum.

Demokratisch sind mancherlei Momente des Rheinischen Kapitalismus, den ich schon vorgestellt habe. In der Wurzel demokratisch ist auch der Rheinische Katholizismus, den ich nun in den Blick nehme und der einfach gelebt wird, schon aus Tradition. Ganz egal, wen die Kölschen jeweils als Erzbischof in ihrer Stadt haben.

Zentral ist der Grundsatz: »Der Herrjott is nitt esu.« Das erinnert an das Wort von Karl Rahner: Das Mögliche tun, von Gott das Unmögliche erwarten. Also darf gelten: Gott liebt dich vor jeder Leistung und trotz aller Schuld.

Don't worry steht in Leuchtschrift auf der Kölner Jesuitenkirche St. Peter, ein Werk des Londoner Künstlers Martin Greed. *Be happy* ist darauf die logische Antwort der Kölner.

Wie es auch Jesus gesagt hat: »Sorgt euch nicht um euer Leben und darum, dass ihr etwas zu essen habt, noch um euren Leib und darum, dass ihr etwas anzuziehen habt« (Mt 6,25). Und das nicht nur im Karneval. Wobei der ja urdemokratisch ist. Wer sich verkleidet, bekennt sich spielerisch zur Gleichwertigkeit aller Menschen. Jeder Jeck ist anders, alle gehören zusammen.

Das drückt ein Kult-Lied der Kölner Band Bläck Fööss aus, das seit 1971 fest zum Kölner Karneval gehört und auch das ganze Jahr über gesungen wird, wenn es gilt, gefühlvoll Gemeinschaft auszudrücken. *Communio.* Die Story im Lied ist ganz einfach: Ein alter Herr hat kein Geld für ein Bier, ein anderer spendiert ihm eins.

Drink doch eine met

1. Ne ahle Mann steit vür d'r Weetschaftsdüür,
der su jän ens einen drinken dät.
Doch hä hät vill ze winnich Jeld,
su lang hä och zällt.

2. En d'r Weetschaff es die Stemmung jroß,
ävver keiner süht dä ahle Mann.
Doch do kütt einer met enem Bier
un sprich en einfach an:

Refrain:
Drink doch eine met, stell dich nit esu aan!
Du steis he de janze Zick eröm.
Häs de och kei Jeld, dat es janz ejal.
Drink doch met un kümmer dich nit dröm.

3. Su mancher sitz vielleich allein zo Hus,
dä su jän ens widder laachen dät.
Janz heimlich, do waat hä nur do drop,
dat einer zu im sät:

Drink doch eine met …

(Musik & Text: Fred Hoock, © 1978 by De Bläck Fööss Musikverlag GmbH, mit freundlicher Genehmigung ROBA Music Verlag GmbH)

Spannend ist, auf die Geschichte des Liedes zu schauen. Denn eigentlich war es kein Trinklied. Bevor die kölsche Kultgruppe sich Bläck Fööss (Nackte Füße) nannte, hieß sie Stowaways, und noch davor, in den sechziger Jahren, Sandwich. Diese Band Sandwich hat ein Kinderlied gesungen, das ging so:

Ein Junge steht am Schulhof vor der Tür. Er ist klein und hat ein hässliches Gesicht. Die Anderen lachen über ihn, egal, was er spricht. Ein Mädchen läuft an ihm vorbei, beachtet ihn nicht. Und ein Lehrer schaut ihn an, sagt nichts. Er wünscht sich, dass jemand zu ihm kommt und sagt: Mach doch einfach mit, stell dich nicht so an. Du stehst sonst die ganze Zeit nur rum. Wenn die anderen lachen, nimm es nicht so schwer. Mach doch mit und kümmer dich nicht drum.

Unverkennbar: dieselbe Melodie, derselbe Grundgedanke! Die Geschichte hinter *Drink doch eine met*. Das Kneipen-Karnevalslied war ursprünglich ein Lied gegen Mobbing. Damals hätte man eher von Hänseln gesprochen. Kinder wissen, wie schlimm das ist – wenn sie es tun, und noch mehr, wenn sie es erfahren. Für uns Erwachsene gilt das ja auch! Egal ob beim Trink-Lied oder beim Antimobbing-Vorgänger: Es geht darum, dass keiner ausgeschlossen ist.

Das ist beste Kölsche Kultur. Und kirchlich-demokratisch ist es unbedingt wichtig, sich als Gemeinde in der »Landschaft« zu inkulturieren. Ein Teil davon zu sein.

Karneval ist im Kern das Versprechen: Jede und jeder gehört dazu und ist willkommen. Ob arm oder reich, dick oder dünn. Das ist auch katholisch. Dafür verkleiden wir uns ja auch an den tollen Tagen. Ob Indianer (jedenfalls früher, vor dem woken Bewusstsein), Prinzessin, Seebär oder Meerjungfrau: Alle sind willkommen.

Damit es rund wird, nun auch die zweite Strophe des Ur-Textes. Vielleicht ist es ja der Junge aus der ersten Strophe, der, jetzt groß, begriffen hat, was Demokratie praktisch bedeutet, und der nun handelt:

In einer Vorstadtstraße steht ein Kind, das dort neu ist und keinen kennt. Es weiß noch nicht, wo es spielen soll, ihm ist alles fremd. Ein großer Junge schenkt ihm ein Bonbon und zeigt ihm den Spielplatz nebenan. Doch was nützt das alles für das Kind, solange keiner sagt: Mach doch einfach mit, stell dich nicht so an. Du stehst sonst die ganze Zeit nur rum. Wenn die andern lachen, nimm es nicht schwer. Mach doch mit und kümmer dich nicht drum.

Ausdruck der Nächstenliebe ist das Verhalten des großen Jungen im Lied, aber auch der berühmte oder berüchtigte Kölsche Klüngel. Der meint ja gerade nicht Korruption oder Handeln zum eigenen Vorteil. Frank Überall, bis 2023 Vorsitzender des Deutschen Journalistenverbandes, hat das Standardwerk geschrieben *Der Klüngel in der politischen Kultur Kölns* (Verlag Bouvier, Bonn 2007). Darin zitiert er meine positiv katholische Sicht von rheinischer Kooperation so: »Der Klüngel, den ich persönlich gut finde, ist, wenn man gemeinsam daran arbeitet, von kleinen Leuten Elend abzuhalten. Der Kapitalismus hat die große Gefahr, dass er die Dummen und Armen bestraft« (S. 31). In diesem Sinne – nur in diesem! – muss die Kirche ein Klüngelverein sein.

Wir Kölner:innen sind stolz auf das »Kölsche Grundgesetz«. Wie die Zehn Gebote in zehn Sätzen sagen wir, worauf es ankommt, in elf. Natürlich katholisch verwurzelt, wie in Köln nicht anders denkbar.

1. »Et es, wie et es.« Wir Kölsche gehören zur Evolution, sind Teil des Kosmos. Oder um mit Papst Franziskus zu denken: Die Wirklichkeit kommt vor der Idee.
2. »Et kütt, wie et kütt.« Wir haben keine Angst vor der Zukunft. Der Himmel ist für uns offen. Denn wie besprochen: Der Herrjott is nitt esu. Er kennt uns ja, ist in Jesus einer von uns.
3. »Et hätt noch immer jot jejange.« Wir sind im Kern konservativ und wissen aus der Historie: Ende gut, alles gut.
4. »Wat fott es, es fott.« Wir sind im Kern progressiv. Wir hängen nicht traurig dem Vergangenen nach. Wir glauben an die Auferstehung.
5. »Et bliev nix, wie et wor.« Die klare Folgerung aus dem vierten Gesetz! Also auch: Ecclesia semper reformanda. Die Kirche entwickelt sich immer weiter.
6. »Kenne mer nit, bruche mer nit, fott domit.« Hier geht es gut jesuitisch um die Unterscheidung der Geister. Nicht behalten, was Schaden anrichten kann. Wir sind keine Messies. Auch nicht in der Kirche.
7. »Wat wellste maache.« Wir akzeptieren unser Schicksal. Oder fromm ausgedrückt: Wir nehmen die Vorsehung zur Kenntnis.

8. »Maach et jot, ävver nit ze off.« Geradezu die Regel der Nachhaltigkeit. Maß halten und Verzicht üben. Die Ökologie von Papst Franziskus.
9. »Wat soll dä Käu.« Käu meint Quatsch. Wir stellen also grundsätzlich die Frage: Cui bonum? Wozu ist es gut? Ein zutiefst moralisches Anliegen.
10. »Drinkste ene met?« Gastfreundschaft und Willkommenskultur. Mit dem Lied der Bläck Fööss habe ich beschrieben, was communio heißt.
11. Da in Köln die Elf die Jeckenzahl ist, gibt es noch eine Regel:
12. »Do laachste dech kapott.« Humor ist, wenn man trotzdem lacht. Die Auferstehung gibt allen Grund dazu.

Zusammenfassen lässt sich das Kölsche Grundgesetz in einem urkatholischen Grundsatz, den ich wunderbar finde und als Basis des Gemeindelebens betrachte: »Nix es esu schlääch, datt et nit för jett jot es.« Alles kann nützlich sein, jeder Beitrag zählt.

Wenn eine »Kölsche Mess« gefeiert wird, also ein Gottesdienst in kölscher Mundart, darf deswegen ein Lied der Bläck Fööss nicht fehlen, das den kölschen Horizont weltweit öffnet, sozusagen *ubique terrarum*, also urkatholisch, offen für alle:

Unsere Stammbaum

1. Ich wor ne stolze Römer, kom met Caesars Legion.
Un ich ben ne Franzus, kom mem Napoleon.
Ich ben Buur, Schreiner, Fescher, Bettler un Edelmann,
Sänger un Gaukler, su fing alles an.

Refrain:
Su simmer all he hinjekumme,
mir sprechen hück all dieselve Sproch.

Mir han dodurch su vill jewonne.
Mir sin wie mer sin, mir Jecke am Rhing,
dat es jet, wo mer stolz drop sin.

2. Ich ben us Palermo, brat Spaghettis für üch met,
Un ich, ich wor ne Pimock, hück laach ich met üch met,
Ich bin Grieche, Türke, Jude, Moslem un Buddhist,
mir all, mir sin nur Minsche, vür'm Herrjott simmer jlich.

Refrain:
Su simmer all he hinjekumme …

3. De janze Welt, su süht et us, es bei uns he zo Besök,
Minsche us alle Länder ston mit uns hück an d'r Thek.
M'r jläuv, m'r es en Ankara, Tokio oder Madrid,
doch se schwade all wie mir, un söke he ihr Jlöck.

Refrain:
Su simmer all he hinjekumme …

(Musik & Text: Ernst Stoklosa, Günter Lückerath, Hans Rudolf Knipp, Hartmut Priess, Karl-Friedrich Biermann, Peter Schütten, Ralph Gusovius, Willi Schnitzler, © 2010 by Edition Fööss, mit freundlicher Genehmigung ROBA Music Verlag GmbH)

Wenn man das zusammen singt, wo auch immer, ist das Glück. Oder der Anfang davon.

11. Identität

In Zeiten von *cancel culture* und *awareness* ist mir ein Buch von Amartya Sen wieder wichtig geworden. 2007 erschien sein Werk *Die Identitätsfalle* (Verlag C.H. Beck, München 2007, auch als Taschenbuch: dtv, München 2010). Seine These ist recht einfach, nicht kompliziert. Zugleich ist ihre Anwendung schwer und nicht leicht.

Er sagt: Alle Menschen besitzen verschiedene Arten von Identität, nicht nur eine. Mit meinen Worten: Du bist Imkerin, Diabetikerin, Hindu, Postbotin, Mutter, Tochter, Fußballfan, Veganerin …, um nur weniges zu nennen. Man kann schnell auf dreißig Merkmale oder Identitäten kommen, also noch Autofahrerin, Blumenfreundin, Privatversicherte, ehrenamtliche Feuerwehrfrau … Bei der Reduktion auf nur eine einzige Identität droht eine Aufteilung der Welt in Blöcke, die miteinander in Konkurrenz geraten bis hin zum Krieg.

Also lautet der Untertitel des Buches: *Warum es keinen Krieg der Kulturen gibt.* Nämlich dann, wenn wir nicht in die Identitätsfalle tappen.

Eine solche war ja kirchlich betrachtet der Grundsatz *extra ecclesiam nulla salus*, außerhalb der Kirche kein Heil. Noch heute erzählen mir manchmal alte Menschen, dass ihnen der Pfarrer sagte, selbst evangelische Christen könnten nicht in den Himmel kommen. Und wir haben als Kinder erlebt, dass in der Ministrantenrunde gespart wurde, bis mit 27 Mark wieder ein Heidenkind getauft werden konnte und so vor der ewigen Verdammnis gerettet war.

Zum Glück ist das vorbei, was ja zeigt, dass früher keineswegs alles besser war. Fundamentalisten versuchen auch heute, die Menschen auf eine Identität zu begrenzen. Auf jeden Fall kommen bei jedem Menschen einige dieser Merkmale aus der eigenen Familie, ganz gleich, wie sie ist. Was davon sich positiv oder negativ auswirkt, welche Eigenschaften gefördert, unbeachtet oder unterdrückt werden: Das hängt auch stark vom Umfeld ab, in dem die Familie lebt und Unterstützung erfährt.

Amartya Sen betont, dass jede und jeder seine verschiedenen Persönlichkeitsmerkmale entfalten soll. Damit das gelingt, ist die von ihm geförderte Befähigungsgerechtigkeit der Schlüssel. Dann sind die Chancen gut, dass es – mit Kant gesprochen – gelingt: *sapere aude*. Trau dich raus aus der Unmündigkeit!

12. Das Ende und was danach kommt

Beim Trauergespräch vor der Beerdigung fragen die Angehörigen mich oft: Glauben Sie an ein Leben nach dem Tod? Sie fragen also nach meinem persönlichen Glauben.

So möchte ich nun in einigen Schritten erzählen, was mir hilft, an ein Jenseits zu glauben.

Der erste Schritt: Wenn ich bei klarem Himmel nachts nach oben schaue, sehe ich mit bloßem Auge fünftausend Sterne. Den einen Stern, der davon am weitesten entfernt ist von der Erde, sehe ich so, wie er vor 2,5 Millionen Jahren ausgesehen hat; so lange braucht sein Licht, bis es mich erreicht. Der Stern ist eine ganze Milchstraße, ich erblicke sie wie einen einzelnen Punkt am Himmel. Ob diese Milchstraße morgen noch existiert, bleibt offen, wahrscheinlich wird es so sein. Die riesige Ausdehnung des Weltalls ist für mich also augenscheinlich erfahrbar.

Zweitens: In jedem Gehirn von uns Menschen befinden sich etwa 100 Milliarden Neuronen. Milliarden, nicht Millionen. Diese können sich jeweils zwanzigtausendfach vernetzen. An diese Leistung kommt noch kein Quantencomputer heran.

Drittens: Vom Inhalt meines Gehirns sind mir etwa 2,5 Prozent bewusst. Bei dem Menschen, der ein Telefonbuch auswendig aufsagen kann, sind es vielleicht 2,6 Prozent. Viele haben über Medien den Menschen erlebt, der eine halbe Stunde über die Stadt Rom flog und danach alle Dächer Roms genau zeichnen konnte. Er liegt wohl höher als 2,5 Prozent. Wie auch das dreizehnjährige Mädchen, das mit zwei Jahren schon lesen und schreiben konnte; sie hatte es sich selbst beigebracht. Kürzlich erzählte sie im Radiointerview, sie habe vier Schulklassen übersprungen und studiere jetzt an der Universität. Sie möchte Astronautin werden.

Viertens: Für ältere Menschen wie mich gibt es diese erstaunliche Erfahrung: Wir erinnern uns nicht daran, wo wir vor einer Viertelstunde den Hausschlüssel hingelegt haben. Aber Geschichten aus Kindheit und Jugend stehen uns glasklar vor Augen. Offensichtlich ist also unser ganzes Leben bleibend in uns aufgehoben, der Zugang zu diesem reichen Schatz der Erfahrung verändert sich im Laufe unseres Lebens.

Übrigens habe ich meinen Schlüssel an die Kette gelegt. So muss ich nicht lange darüber nachdenken, wo ich ihn gelassen habe. Lesebrillen besitze ich zwei, um nicht zu lange suchen zu müssen.

In den Tod werde ich die reiche Frucht meines Lebens mitbringen, die Summe aller meiner Erfahrungen.

Fünftens: Dass es uns Menschen überhaupt gibt, ist so etwas von unwahrscheinlich, wie es nur sein kann. Neueste Forschungen gehen davon aus, dass es sogar vor langer Zeit nur noch etwa 1.800 Hominide gab, also Lebewesen aus der Familie der Menschenartigen, wie sie der Duden bezeichnet. Die Wetterverhältnisse waren so schlecht, dass die meisten starben. Was das heute angesichts des Klimawandels als Menetekel bedeuten mag, ist wohl selbsterklärend. Aber unseren Vorfahren erging es nicht wie den Dinosauriern.

Andere Forschungen zeigen, dass es uns nicht gäbe, wenn der Mond nur ein wenig größer wäre. Die Lebensbedingungen auf der Erde wären dann nicht mehr bekömmlich.

Wir kommen also aus einer fast unglaublichen Nische der Evolution.

Sechstens: Dass ich dies schreiben kann! Dass ich Wörter formuliere, dass ich sprechen kann! Das habe nicht ich erfunden oder hergestellt, nicht ich habe es ins Leben gerufen.

Es wurde mir geschenkt von meinen Eltern, Geschwistern, bei mir auch von den Großeltern. Das ist bei allen so. Wie ein Kind so schnell die Sprache erlernt, ist bis heute nur rudimentär erforscht. Für mich ist es ein Wunder.

Mit dem Spracherwerb wächst das Bewusstsein: Das bin ich!

Also gilt: Ich werde mir geschenkt, um mich selbst zu begreifen.

Und ich frage mich: Werde ich mir im Tod genommen, um mich selbst zu verlieren?

Siebtens: Nun kommt für mich ins Spiel, dass Leben immer Erinnern bedeutet. Ganz einfach ist dies zu erfahren, wenn man mit dem Auto oder dem Fahrrad unterwegs ist. Man denkt doch nicht darüber nach, was zu tun ist, sondern fährt sozusagen »automatisch«. Eben in Erinnerung an das, was gelernt und trainiert wurde. Genau dies gilt auch für die Sprache. Sie ereignet sich aus der Kraft der Erinnerung.

Wenn bei einer Beerdigung auf der Kranzschleife das Wort von Victor Hugo steht »Du bist nicht mehr da, wo du warst, aber du bist überall dort, wo wir sind«, dann transportieren die Angehörigen die Erinnerung über den Tod hinaus.

Ein jüdischer Mystiker des 18. Jahrhunderts, Baal Schem Tov, hat es gesagt, und Richard von Weizsäcker hat es als Bundespräsident in seiner viel beachteten Rede zum 40. Jahrestag des Kriegsendes am 8. Mai 1985 wiederholt: »Das Geheimnis der Erlösung heißt Erinnerung.« Dieser tiefsinnige Satz korrespondiert für mich mit den Worten eines Enkelkindes, das mir sagte: »Gestern Abend habe ich den Stern gesehen, wo die Oma jetzt ist.« Sprache transportiert Erinnerung, ganz offensichtlich. Sogar augenscheinlich.

Die Kraft der Erinnerung wächst mit der Einsicht, dass das ganze Leben ein Geschenk ist.

Also achtens: Das Leben ist ein Geschenk. Natürlich haben meine Eltern es mir geschenkt. Aber nicht nur sie. Neben ihnen und vor und nach ihnen noch viele Menschen. Vielleicht auch Tiere. Für Kinder wie oft für ältere Menschen ist ein Haustier ein treuer Partner. Viele Kinder können ohne ihr Schmusetier im Arm nicht einschlafen. Das Knuddeltier macht gewiss: Ich bin nicht allein!

Der Tod der Eltern teilt mir mit: Jetzt bin ich die oder der nächste.

Wenn die Partnerin oder der Partner stirbt, bin ich allein. Ist mein Leben jetzt ohne Sinn? Oder was kann mich tragen, wenn ich allein bin? Was habe ich jetzt noch von all dem, was mir vor dem Tod geschenkt worden ist?

Die Bestsellerautorin Rita Falk hat über acht Millionen ihrer Bücher verkauft, vor allem die Eberhofer-Krimis. 2020 verstarb ihr Ehemann recht plötzlich. Sie war wie gelähmt und konnte acht Monate nichts schreiben. Ihr neuer Krimi war zu gut zwei Dritteln fertig, als sie in die Trauer stürzte. Sie dachte, sie sterbe auch. »Die ersten acht oder neun Monate ging gar nichts. Da konnte ich mich überhaupt nicht konzentrieren. Meine beste Freundin hat dann ihre Reisetasche gepackt, ist bei mir eingezogen, als ich eine Wohnung in München hatte, und hat gesagt: Du machst jetzt gar nichts, ich koche, putze, wasche deine Wäsche und bespaße dich. Ich bleibe so lange, bis du wieder reinkommst« (Interview mit Rita Falk in der *Süddeutschen Zeitung*, 7./8.10.2023, S. 46).

Das Leben ist ein Geschenk. Die Freundin schenkt der Schriftstellerin etwas von ihrer Lebenszeit, bis das neue Buch fertig ist. Dadurch kann sie jetzt auf das Geschenk ihres Gatten verzichten: Dem hatte sie vor seinem Tod jeweils abends vorgelesen, was sie am Tag geschrieben hatte. Er war ihr Berater, ihr Kritiker, ihre Liebe. Er war da.

Es kommt in der Familie Falk zu der Idee, wie der Verstorbene noch immer bei seiner Frau und den drei Kindern zugegen sein kann. Die Asche des Toten wurde zu einem Diamanten veredelt. Der Stein bleibt mal bei Rita Falk, mal geht er abwechselnd für einige Zeit zu einem der Kinder. Er ist da.

In der Werbung für Diamanten heißt es: Schenke, was ewig ist.

Das Interview mit der Schriftstellerin hat mich bewegt, weil es meine Sicht auf Leben und Tod bestätigt. Nach dem Heimgang eines lieben Angehörigen scheint zuerst alles sinnlos. Viele Menschen fallen in eine Phase der Depression. Dies kann sich ganz verschieden äußern: Antriebslosigkeit, Unfähigkeit zur Konzentration wie bei Rita Falk. Andere fühlen sich wie eine Bombe, die bald platzt. Wieder andere wie ein Sumpf. Die einen können weinen, die andern versteinern.

Es gibt keine Regel, außer der, dass sich der Neubeginn wie ein neues Leben anfühlt. Oft mit der Erfahrung: Das schenkt mir die/der Verstorbene. Ich bin ihr oder ihm unendlich dankbar. Unendlich!

Leben mit dem, was bevorsteht

Ich habe keine Angst vor dem Tod, wohl vor dem Sterben.

Gelebt habe ich bis jetzt lange genug. Es ist ja schön, wenn es nach den zweiundsiebzig Jahren noch weitergeht, aber es würde auch reichen. Vor dem Sterben habe ich allerdings gehörigen Respekt. Dabei denke ich an meine Mutter.

Meine Mutter musste leider über ein Jahr im Bett liegen, bevor sie sterben konnte. Auch sie fragte mich öfter: »Warum lässt Gott mich so leiden? Ich habe doch immer gebetet, vier Kinder großgezogen, nichts Böses getan.« Ich habe dann nicht versucht, rumzureden oder sie irgendwie zu vertrösten nach dem Motto: Wird ja vielleicht doch besser werden. Nein. Du hast einfach Pech, liebe Mama. Der Herrgott hat die Welt als Evolution erschaffen, als Entwicklung. Und zu der gehört das Leiden, das Sterben, der Tod. Das gilt für alles auf der Welt, für jedes Geschöpf wie für den ganzen Kosmos. Natürlich ist das leicht gesagt, aber nicht leicht zu akzeptieren für einen todkranken Menschen.

Was wir tun können, ist, diese Tatsache der Evolution miteinander aushalten. So habe ich meine Mutter jeden Tag auf der Pflegestation besucht. Manchmal hat sie gefragt: Kannst du mich nicht erlösen? Ja, habe ich gesagt, für dich gehe ich doch gerne ein paar Jahre ins Gefängnis. Danke, sagte sie, warten wir damit bis morgen. Das hat zumindest mir dann gutgetan, unser Einverständnis im Mitleiden.

Friedrich Nietzsche hat gesagt: Mitleiden ist falsch, dann leiden doch zwei. Heinrich Böll, der Literatur-Nobelpreisträger aus Köln, hat 1983 in einer Laudatio über Rupert Neudeck, den Menschenretter von der Cap Anamur, gesagt: »Es wird uns eingeredet, dass ›Mitleiden‹ in den Bereich der Sentimentalität gehört. Das ist eine Lüge. Mitleiden ist eine ungeheure Kraft, eine große Energie, und auch eine schöpferische Fantasie gehört zum Mitleiden. (…) Ich habe den Eindruck, dass man uns einreden will, die Zeit der ›Humanität‹ sei vorbei, die Zeit des Mitleidens sei vorbei. Harte Herzen brechen leichter als mitleidige Herzen, die eine große Kraft haben.«

Jede und jeder wünscht sich wohl einen schnellen Tod. Am besten nachts im Bett, im Schlaf – und morgens ist man dann im Himmel. Dies erlebt nur etwa ein Prozent der Menschen.

Damit Menschen würdig sterben können, gibt es zum Glück die Hospize. Meine Eltern waren nicht dort, wurden aber im Seniorenheim sehr gut betreut. Ich konnte sie ja auch jeden Tag besuchen, weil das Heim ganz in der Nähe lag.

Vor über 50 Jahren wurde das erste Hospiz in England von Cicely Saunders gegründet. Ihr berühmter Grundsatz gilt bis heute für alle Hospize: »Nicht dem Leben mehr Tage, aber den Tagen mehr Leben geben.«

Dieses wunderbare Wort kannte ich noch nicht, als ich vor über 30 Jahren das erste Hospiz in NRW einsegnen durfte, dessen Errichtung die Bundesregierung probeweise gefördert hatte. Minister Norbert Blüm hatte in mehreren Bundesländern sozusagen einen Testlauf begonnen. Aus dem Hospiz in Deesem bei Lohmar, bei dessen Einweihung ich mitwirken durfte, sind inzwischen zwei geworden.

Weil viele Menschen lieber zu Hause sterben möchten, gibt es mittlerweile auch die ambulante Palliativversorgung. Angehörige sind oft überfordert. Neben den Pflegediensten, die nach Hause kommen, ist dann der Palliativdienst für die Schmerzlinderung und die weitere Versorgung mit Medikamenten bereit. Ebenso für die Begleitung der Angehörigen, die nun neben der praktischen auch seelische Entlastung erfahren. Palliativversorgung meint also die Verbesserung der Lebensqualität von Patienten wie auch ihrer Familien.

Aus den Niederlanden kommt das Modell der Nachbarschaftshilfe in der ambulanten Pflege, es heißt dort Buutzorg: Buut ist der Nachbar, Zorg die Pflege. Mittlerweile wird diese Idee, weil sie gut funktioniert, in 22 Ländern der Welt umgesetzt. Statt Minutenabrechnung detaillierter Pflegemaßnahmen wie Zähneputzen gibt es einen großzügigeren Zeitrahmen für die gesamte Begegnung von Patient:in und Pfleger:in, und die beiden bestimmen, was gemacht wird. Die Pflegeteams organisieren und verwalten sich selbst. Sie beziehen die Ärzte der Patienten, Angehörige, Freunde und, je nach Bereitschaft und

Möglichkeiten, Nachbarn ein. Diese Idee einer anderen Pflege, eines anderen und erweiterten Umgangs miteinander, eines anderen Budgeteinsatzes kommt allen zugute: Patienten, den Menschen in der Nähe und den Pflegemitarbeiter:innen. Der Mensch steht im Mittelpunkt.

So sehr mich das begeistert und ich es für nachahmenswert halte: Persönlich bin ich ein Fan der stationären Hospize. Warum?

Die Entlastung der Angehörigen ist noch größer als bei ambulanter Betreuung zu Hause. Im Hospiz sind immer mehrere Fachkräfte da. Jeden Tag ist eine Ärztin oder ein Arzt im Haus. Den Menschen wird jeder Wunsch erfüllt. Die Angehörigen können immer zu Besuch kommen, sich aber auch zurückziehen, wenn es angemessen ist.

Bei jedem Besuch in einem Hospiz, auch um die Krankensalbung zu spenden, verlasse ich das Haus geradezu fröhlich, weil ich wieder gemerkt habe, wie würdiges Sterben gelingt.

Wenn dann die Beerdigung kommt, bitten viele Familien um eine Spende für die Fördervereine der Hospize. Obwohl die Krankenkassen kräftig mithelfen, benötigen die Hospize angesichts der vielen Mitwirkenden zusätzliche Spenden.

Zweimal im Leben habe ich im Lotto gespielt. Der Jackpot enthielt jeweils über 15 Millionen Euro. Mit dem Gewinn wollte ich ein stationäres Hospiz bauen und habe nach dem Tippen gesagt: »Lieber Gott, nun liegt es an dir, ob es klappt.« Der Herrgott wollte nicht. Wahrscheinlich hat er den besseren Überblick, was Sinn macht.

Keine Angst vor dem ungewissen Danach

Viele ältere Menschen, die katholisch sind, haben Angst vor dem Fegefeuer. Sie denken, sie werden für ihre Sünden sozusagen auf einem Grill geröstet. Über dem Eingang vieler Kathedralen gibt es ja die Darstellung links, wo die Guten von Engeln verwöhnt werden, und rechts, wo die Bösen im Feuer schmoren.

Geradezu erleichtert sind diese Menschen, wenn ich ihnen erkläre, was »Fegefeuer« wirklich meint. Vor 500 Jahren kauften die Menschen Ablassbriefe, um die Verstorbenen von ihren zeitlichen Sündenstrafen freizukaufen. Wir kennen den Spruch: »Wenn das Geld im Kasten klingt, die Seele in den Himmel springt.« Martin Luther machte klar: So geht es nicht! Man kann das Heil nicht kaufen, es wird von Gott geschenkt! Er ist es, der uns rechtfertigt!

Luther hat den Weg freigemacht zurück zu einem guten Verständnis des Lebens im Jenseits. Denn 300 Jahre zuvor hatten die Menschen das Purgatorium erfunden, weil sie sich nach dem Tod einen schönen Ort vorstellten, an dem sich die Verstorbenen versammeln, bevor es in den Himmel geht. Sie nannten diesen Ort Purgatorium, also Ort der Reinigung. *Purgare* heißt saubermachen. Im Französischen etwa heißt *purger le radiateur*: die Heizung entlüften. Im Deutschen übersetzen wir am besten: Badezimmer des Himmels. Der Ort, wo man sich frisch macht für den Himmel. Denn wer dort ankommt, kommt sicher in den Himmel!

Im *Katechismus der katholischen Kirche* steht unter Nummer 1030: »Wer im Purgatorium ist, ist des ewigen Heiles teilhaftig.«

Es wird dringend empfohlen, das Wort Fegefeuer nicht mehr zu benutzen, denn es führt die Gedanken der Gläubigen in die falsche Richtung. Etwa zu Hieronymus Boschs Bildern von Teufelchen mit Spießen, sozusagen die armen Seelen als Gyros am Grill. Völlig falsch! Zum Wort Fegefeuer kam es, weil die Menschen an Verbesserung, Veredelung dachten, wie aus Erz durch das Feuer Eisen wird. Das ist gut, geht aber nur mit sehr viel Hitze und Flammen. Und deshalb ist das Bild schief, wenn es die Vorstellung einer angenehmen Reinigung vor dem Eintritt in den Himmel anschaulich machen soll.

Der berühmte Historiker Jaques Le Goff, gestorben 2014 in Paris, hat ein wunderbares Buch mit diesem Titel geschrieben: *Die Geburt des Individuums aus dem Fegefeuer* (*La naissance du purgatoire*. Verlag Gallimard, Paris 1981, deutsch: Verlag Klett-Cotta, Stuttgart 1984). Die Menschen haben im dreizehnten Jahrhundert das Purgatorium erfunden, weil sie als Personen, als Individuen auch nach dem Tod noch weiterleben wollten. Also ziemlich das Gegenteil von dem, was man ein paar Jahrhunderte später, etwa vor der Reformation, vom »Fegefeuer« dachte, in dem dem Individuum mit Strafen viel ausgetrieben wird. Deshalb: Weg mit dem Wort, es steht ja auch nicht mehr im Katechismus.

Dante Alighieri, 1265 geboren, 1321 gestorben, gilt als der größte Dichter Italiens. Er hat in seiner *Göttlichen Komödie* das Purgatorium vor 700 Jahren in einer sehr interessanten Art geschildert. Die Hölle beschreibt er als einen Eisblock, in dem die Liebenden erfrieren auf dem Grund eines großen Loches, das sich kegelförmig in die Erde senkt. Ein Bild, das frösteln macht. Die Erde aus diesem Trichter ist nun zu einem Berg im Purgatorium aufgeschichtet. Die Verstorbenen besteigen diesen Berg. Jetzt der Clou: Normalerweise wird es beim Aufstieg auf einen Berg immer anstrengender. Die Luft wird dünner, die Beine werden schwerer, der Atem kürzer. Im Purgatorium ist es genau umgekehrt: Je höher, desto einfacher! Je weiter, desto schöner! Je höher man kommt, desto deutlicher sind die Nähe Gottes und die Erlösung von den Mühen zu spüren. Ein schönes Bild des berühmten Dichters. Aber bitte nicht vergessen: Das alles sind von Menschen erdachte und gemalte Bilder! Wie es dann wirklich ist, würde ich Ihnen ja gerne mitteilen, sobald ich es weiß, aber ich fürchte, dann kann ich kein Buch mehr an den Verlag liefern.

Bevor es soweit ist

Aber wie können uns diese Dichtung und die Bilder heute hilfreich sein?

Wir sind die einzigen Wesen auf der Welt, die von ihrem Tod wissen. Kein Tier weiß es, keine Pflanze weiß, dass sie vergänglich ist. Die meisten wünschen sich, dass sie plötzlich sterben, ohne langes Leiden vorher. Den wenigsten ist das vergönnt wie unserem Kölner Kardinal Meisner, der morgens im Lehnstuhl einschlief.

Also gibt es nur eins: Angesichts des eigenen sicheren Todes unbedingt eine Patientenverfügung machen! Damit die Angehörigen und die Ärzte wissen, wie Sie und ich den Übergang vom Irdischen ins Jenseits wünschen. Wenn dann das Purgatorium so sein sollte, wie es Dante beschreibt, wird es ein wunderbarer Aufstieg.

Bei jedem Trauergespräch biete ich den Angehörigen Exemplare der ökumenischen Patientenverfügung mit Vorsorgevollmacht an. Viele sind froh und nehmen sie mit. Die meisten sagen dann: Das wollte ich schon immer machen, habe es aber bisher verschwitzt.

Manche denken, sie würden sich in der Verfügung zu früh festlegen und könnten nichts mehr ändern, wenn es drauf ankommt. Sie sind dann froh zu hören, dass sie alles anders bestimmen können, solange sie klar bei Verstand sind. Es geht in der Patientenverfügung ja darum, noch ohne Not in Ruhe abzuwägen und persönlich zu entscheiden – sonst tun es andere! –, was geschehen soll, falls man nichts mehr entscheiden kann.

Herbsttage

Wenn die Tage kürzer und die Nächte länger werden, ist nicht nur der Herbst da, es kommen auch die Tage im Gedenken an die Endlichkeit allen Lebens: Allerheiligen, Allerseelen, Buß- und Bettag, Totensonntag.

Heute hast du Namenstag! Nein, mein Namenspatron ist doch der heilige Franziskus am 4. Oktober. Doch, heute ist ja Allerheiligen. Dieser kleine Wortwechsel ist hier im Rheinland verbreitet. So banal er auch klingt, bringt er doch den Sinn des Festes gut auf den Punkt.

Wir werden daran erinnert, dass der Himmel offen ist für uns alle. Die Heiligen sind schon vorausgegangen, wir sind eingeladen, nachzukommen. Ja, wir gehören jetzt schon dazu. Im Epheserbrief der Bibel und ähnlich an vielen anderen Stellen der Paulusbriefe heißt es: »Ihr seid jetzt nicht mehr Fremde ohne Bürgerrecht, sondern Mitbürger der Heiligen und Hausgenossen Gottes« (Eph 2,19). Was will man mehr?!

Damit es ganz rund wird, kommt am nächsten Tag noch das Fest Allerseelen dazu. Es ist die Gemeinschaft der Lebenden und der Toten, die uns dann bewegt. Und zwar auch im direkten Wortsinn: Wir bewegen uns auf den Friedhof zu den Gräbern der Verstorbenen. Viele tun dies auch schon vorher, da ja an Allerheiligen arbeitsfrei ist, nicht an Allerseelen.

Wir sagen von einem Sterbenden, dass er »das Zeitliche segnet«. Ein schöner Ausdruck! Denn er deutet darauf hin, dass die Verstorbenen für uns ein Segen sind: wenn wir uns an sie erinnern, wenn der Witwer sich fragt, was wohl seine verstorbene Frau ihm vorschlagen würde, wenn Kinder sich in die schöne Zeit mit Oma und Opa zurückdenken. Sehr schön drückt dies die verstorbene Kölner Mundartdichterin Johanna Fendel aus. Ich bin mir sicher, dass Sie das kölsche Gedicht verstehen, wenn Sie es langsam lesen:

Do häs dä Wäch jetz hinger dir,
dä mir noch für uns han.
Dä Här reef dich in sing Revier,
hä wollt dich bei sich han.
Woröm hä dich reef, datt wees nur er,
du wees jetz jiöcklich sinn.
Läch nur do bovven bei dem Här
e joot Woot für uns enn.

Ich finde den Gedanken wunderbar und tröstlich, dass die Verstorbenen sich um uns auf der Erde sorgen. Für Kinder ist das ja ganz einfach: Natürlich schaut der Opa vom Himmel runter und passt auf die Enkel auf!

An Allerseelen denken wir auch an unseren eigenen Tod. Die Verbindung mit unseren Vorfahren stärkt unser eigenes Leben, wir fühlen uns getragen.

Die Frage auf Leben und Tod

Alle meine bisherigen Überlegungen führen zu der Frage, ob es Gott denn überhaupt gibt. Natürlich sind Hospize, ordentliche

Pflege älterer Menschen oder würdiges Totengedenken auch dann sinnvoll, wenn es ihn nicht gibt. Aber es wäre unredlich, der Frage nach der Existenz Gottes auszuweichen und sich mit der praktischen Seite moralischen Handelns zu begnügen.

Zu Beginn dieses Kapitels habe ich mich mit acht Schritten auf die Frage nach Leben und Tod zubewegt. Vielleicht sind Sie die mitgegangen. Jetzt ist es Zeit, zu schauen, wohin uns die Schritte führen. Welches irdische Panorama steht uns klar vor Augen? Und daran anschließend: Was sehe ich persönlich mit den Augen des Glaubens über den Horizont des Sichtbaren, des zu Erkennenden und zu Wissenden hinaus? Können Sie das auch sehen? Nachvollziehen? Und dann zum Horizont, der Grenze, zuversichtlich mitgehen? Leben und Tod stellen Sie natürlich persönlich vor die Frage nach Ihrem Glauben, die auch Ihre persönliche Antwort will. Ich sehe den Weg in dieser Landschaft:

Vor hundert Jahren schrieb der Poet Khalil Gibran sein Buch *Der Prophet* (deutsch: Verlag Patmos, Düsseldorf, 4. Auflage 2016), ein Weltbestseller der Mystik, fast einhundert Millionen verkaufte Exemplare in vielen Sprachen. Auf die Frage nach dem Tod heißt es darin: »Ihr möchtet das Geheimnis des Todes kennenlernen. Aber wie werdet ihr es finden, wenn ihr es nicht im Herzen des Lebens sucht?«.

Im Herzen des Lebens zu suchen bedeutet zuerst, auf die Naturwissenschaften zu schauen. Auf die Evolution des Lebens.

Wie das Lebendige aus dem Nichtlebendigen entstanden ist, also das Organische aus dem Anorganischen, lässt sich mit dem Begriff der Emergenz bezeichnen. Das bedeutet, dass etwas ganz Neues entsteht. Nun kann man sagen, so sei es eben in der Natur, es entstehe immer wieder Neues. Man kann auch überlegen, ob es nicht Gott ist, der hier wirkt. Finden wir im Kosmos, im Weltenraum wie in den kleinen Strukturen geschöpflichen Lebens die Spur (nicht den Beweis im naturwissenschaftlichen Sinn) Gottes? Oder führt uns die Durchdringung des Kosmos durch den menschlichen Geist dahin, zu erkennen, dass Gott diesem Kosmos unerreichbar fern bleibt? Haben die Menschen erst jetzt erkennen können, dass sie sich getäuscht haben? Dass Gott uns verkommen lässt in den Abfällen unseres Schaffens und Denkens?

Fragen wir ganz einfach, wie Gott denn diesen Kosmos ausgestattet hat. Uns bleibt ja nichts anderes übrig, als unseren Geist zu bemühen, als in Worte zu fassen, was wir erkennen, als uns selbst ein Urteil zu bilden. Wir sind ja keine Engel, die immer und überall in der Erkenntnis Gottes leben dürfen.

Wir stellen fest, dass unsere Welt viele Formen des Leids und der Sinnlosigkeit kennt, die nicht durch die Schuld des Menschen verursacht sind. Hier liegt ein Hauptproblem der Frage nach der Erlösung. Das, was durch die Sünde des Menschen geschieht – Krieg, Zerstörung, Hass –, das könnten wir ja uns Menschen anrechnen als Schuld. Wir könnten sagen: Nun gut, daran sind wir selber schuld, wir könnten ja auch unsere Freiheit zum Guten nutzen. Aber was ist mit dem Leid, der Sinnlosigkeit, die schon vor dem Zugriff des Menschen in der Schöpfung vorhanden ist?

- Warum bekommen Menschen Krebs?
- Warum sind von 1000 Kindern schon nach der Geburt etwa 30 schwerbehindert?
- Warum leiden immer mehr Menschen an psychischen Krankheiten?
- Warum heißt das Gesetz der Welt: Fressen und Gefressenwerden, Geborenwerden und Sterbenmüssen?
- Warum wird auch unsere Erde einmal in sich zusammenschmelzen?

All das ist nicht verursacht durch die Menschen, es entspringt der Konstruktion der Schöpfung, dem Gesetz des Kosmos. Und wir spüren, dass wir das nicht mit unserem Verstand, mit unserem Forscherwillen durchbrechen können. Der Entmythologisierung der Natur ist heute die Entmythologisierung des Denkens gefolgt. Wir merken, dass wir es nicht aus menschlicher Kraft schaffen, Krankheit, Vergänglichkeit, Sterben zu überwinden. Wir können vieles verbessern und erträglicher machen, aber uns, der Menschheit, sind auch Grenzen gesetzt.

Das gilt für die Menschheit als Ganzes, das gilt aber auch für jede und jeden Einzelne:n. Eltern müssen hilflos zuschauen, wie ihr Kind leidet und vielleicht stirbt. Liebende müssen von ihren Partnern im Tod Abschied nehmen und können nichts tun. Als Pastor stehe ich – mit all denen, die bei uns im sozialen und seelsorglichen Bereich Not lindern und verhindern wollen – oft Menschen gegenüber, denen ich nicht helfen kann. Wir Seelsorger:innen müssen aufpassen, dann keine allzu frommen Sprüche loszulassen, die oft keine Antworten sind, sondern die Grenze des Mach- und Erklärbaren nur zuquatschen, was Menschen sehr wohl bemerken. Manchmal ist es bloß schlimm.

Eine solche Grenze ist der plötzliche Kindstod. Die Forschung bemüht sich intensiv, ein Mittel dagegen zu finden. Für Eltern gibt es wohl kaum Schlimmeres als diese Erfahrung.

Zum Glück, wenn ich dies hier so schreiben darf, gibt es seit einigen Jahren die Initiative »Sternenkinder« (im Internet finden Sie Informationen und Kontaktadressen in Ihrer Nähe). Ehrenamtliche Fotograf:innen machen wunderbare Fotos von den verstorbenen Kindern. Etwa auch von den kleinen Händen in den Händen ihrer Eltern. Wenn dann eine Auswahl der Bilder bei der Trauerfeier gezeigt wird, spüren die Trauergäste nicht nur die Endlichkeit des irdischen Lebens, sondern ebenso die Würde des Lebens, egal wie lang oder kurz es hier auf Erden andauerte. Diese Erfahrung schenken die Fotos für immer.

Die moderne Medizin gibt frühgeborenen Kindern eine Chance etwa ab der 22. bis 24. Schwangerschaftswoche, die Grenze schiebt sich immer weiter nach vorn.

Ein Zwillingspärchen war auf der Intensivstation. Die Eltern baten mich um die Taufe dort. Nicht ich, sondern die Eltern haben das Taufwasser über die Köpfchen gegossen und ihre Kinder auf der kleinen Stirn mit Öl gesalbt. Den Eltern wie auch mir liefen die Tränen; nicht Tränen der Trauer, sondern des Lebens. Das Mädchen lebt nun in der Familie mit mehreren Geschwistern. Der Junge ist ein Sternenkind. Dank der Initiative hängt sein Foto in der Wohnung der Familie.

Wenn Eltern erfahren, dass ihr Kind Leukämie hat, also Blutkrebs, scheint die Welt unterzugehen. Nur eine Knochenmarkspende kann helfen. Die muss aber genau passen. Dafür muss bei vielen Zehntausenden oder mehr Menschen gesucht werden, ob von einem das Knochenmark helfen kann. Damit dies überhaupt gelingt, wurde in Deutschland die Deutsche Knochenmarkspenderkartei gegründet. Sie ist inzwischen auch weltweit aktiv. Die DKMS ist darauf angewiesen, dass sich viele Menschen als potentielle Spender:innen typisieren lassen, und auch, dass Menschen diese Typisierungen finanzieren.

Zweimal haben wir eine solche Typisierungskampagne bei uns im Veedel organisiert. Anlass war jeweils, dass ein Kind und eine Jugendliche an Leukämie erkrankten. Einige hundert Menschen nahmen teil, Ärzt:innen und Krankenschwestern machten die Blutproben.

Es war natürlich äußerst unwahrscheinlich, dass die Knochenmarkspende einer Teilnehmerin oder eines Teilnehmers hier bei uns hilfreich wäre. Aber zum einen bekam die DKMS durch uns weitere Hunderte von Daten, zum anderen kamen ausreichend Spenden ein, um die Typisierungen zu finanzieren.

Die Jugendliche hat mit Hilfe der riesigen Datei der DKMS eine passende Knochenmarkspende erhalten. Das Kind ist leider gestorben. Für beide Familien war das Engagement im Stadtviertel bedeutsam. Sie waren mit ihrem Leid nicht allein. Nicht nur in den Kirchen, auch auf dem Fußballplatz wurden Blutproben genommen. Es kamen auch Menschen von außerhalb, als sie durch die Medien von der Aktion erfuhren.

Niemand ist eine Insel, niemand lebt für sich allein. Bei unserem Engagement wurde deutlich, was Solidarität ist: Wir sind abhängig voneinander.

Persönlich bin ich Organspender. Der Ausweis steckt hinter meinem Personalausweis im Portemonnaie. Allerdings wird mir gesagt, dass wohl nur noch meine Netzhaut jemandem helfen könnte. Mit 72 Jahren ist der Rest zu alt. Solidarität kommt vom Lateinischen *solidum dare* = für jemand anderen bürgen. Bei einer Organspende kann die Bürgschaft sogar Leben schenken.

Was soll das?!

Warum aber lässt uns Gott dann in einer solchen Schöpfung existieren, warum lässt er zu, dass wir selbst unsere Begrenzung im Kosmos erleben müssen, dass wir dem Leiden der Schöpfung nicht entrinnen können?

Wir müssen festhalten: Wir Menschen sind Teil der Evolution, der Entwicklung des Lebens in unserem Kosmos. Wir sind Ergebnis evolutiver Prozesse, auch wenn mit unserem Geist ein riesiger qualitativer Sprung geschehen ist. Und von uns her, vom Menschen her, erhält der Prozess der Evolution des Kosmos seine Klarheit, seine Eindeutigkeit und Richtung. Diese:

Die ganze Entwicklung des Kosmos ist Vorentwurf, Vorgeschichte des Menschen. Im Kosmos hebt das an, was im Menschen zur Erfüllung kommt.

Wenn wir es so sehen, kommen wir nicht darum herum, im Kosmos das Zufällige des evolutiven Spiels zu sehen, das Durchprobieren aller Möglichkeiten (bis hin zum Quantensprung, also zur Zufälligkeit physikalischer Prozesse). Das Gesetz der Schöpfung heißt also nicht Notwendigkeit, Fixiertheit, Fertigsein, sondern Freiheit. Freiheit als Struktur des Kosmos als Ganzem, nicht nur Freiheit als Grundausstattung des Menschen! Wir Menschen sind so, frei, Teil des Kosmos, Teil der Evolution!

Leid, Nicht-Aufgehen, Fehlentwicklung, ein ständiges Trial-and-Error gehören dazu, sonst gibt es keine Freiheit der Evolution. Ein schwerer Gedanke: Leid ist der Preis der Freiheit. Ein bedrückender Gedanke, allerdings, aber ein befreiender zugleich!

Wenn Gott uns als freie Wesen geschaffen hat in einer Welt, die sich in Freiheit entwickelt, dann kann er offensichtlich nicht umhin, das Böse, das Abwegige, die Fehlentwicklung zuzulassen.

Gott will das Leid nicht. So wenig wie wir Menschen. Aber er verwirklicht diesen berechtigten Wunsch nicht dadurch, dass er sozusagen mit Übermacht das Leiden wegnimmt – und damit auch die Freiheit. Gott lässt das Leiden, den Krebs, die Hybris menschlichen Denkens zu. Aber er ist dabei kein apathischer Zuschauer, im Gegenteil:

Gott begegnet dem Leiden, indem er selbst in das Leiden eingeht und es zu seinem eigenen macht.

Da berühren wir gedanklich den Kern des Christentums. Bedeutender ist: Menschen, die leiden, berühren ihn existentiell.

Wie können wir uns dazu verhalten?

Leo Tolstoi hat 1865 eine einfache Geschichte geschrieben, ihr Sinn ist allerdings nicht zu toppen. Die Geschichte geht so: Der Schuster Martin wird vom Unglück verfolgt. Seine Frau stirbt, er bleibt mit seinem kleinen Sohn zurück, dem der Vater nun all seine Fürsorge widmet. Da stirbt auch der Sohn an einem Fieber. Martin, todtraurig, zweifelt an Gott. Aber er beginnt, abends in der Bibel zu lesen. Eines Nachts träumt er, Gott selbst werde ihn besuchen unten in seiner Kellerwerkstatt. Am nächsten Tag ist er gespannt, ob ihn der hohe Gast wirklich aufsucht. Aber aus seinem Kellerfenster sieht er nur den zittrigen Greis Stepanytsch, den Hauswart, der den Schnee kaum noch zur Seite fegen kann. Martin ruft ihn zum Aufwärmen bei einer heißen Tasse Tee in seine Werkstatt. Danach geht eine viel zu dünn gekleidete Soldatenfrau mit ihrem Baby über die Straße. Martin lässt sie in der Werkstatt das Kind wickeln, gibt ihr Essen und Kleider seiner Frau. Später kauft er einer alten Händlerin einen Apfel ab und schenkt den einem kleinen Jungen, der der Alten ihre Äpfel stehlen wollte. Auf den hohen Gast aber wartet er vergebens. Die »Moral der Geschicht'« ist klar: Als Martin abends seine Bibel aufschlägt, öffnet er sie bei Matthäus, Kapitel 25: »Ich war hungrig, und ihr habt mir zu essen gegeben …« Gott hat ihn an diesem Tag also gleich fünf Mal aufgesucht.

Diese Geschichte gibt es als Trickfilm. Als Kaplan an zwei Stellen und danach als Kreisjugendseelsorger habe ich den Film oft bei Besinnungstagen für Schülerinnen und Schüler oder bei religiösen Wochenenden gezeigt zu der Frage »Wo finde ich Gott?«. Die Heilige Elisabeth gab den Hinweis: In den Armen finde ich ihn.

Tolstoi nannte seine Geschichte *Wo die Liebe ist, da ist auch Gott* (es gibt sie in mehreren Publikationen im Buchhandel, als Hörbuch-Ausgaben und als Video einer Scherenschnitt-Trickverfilmung mit einer Länge von 11,30 Minuten auf YouTube unter dem Titel *Der Schuster Martin*). Tolstois Titel steht sinngemäß im Ersten Johannesbrief: »Gott ist die Liebe, und wer in der Liebe bleibt, bleibt in Gott und Gott bleibt in ihm« (4,16).

Der Schuhmacher ist ein Strohmann Gottes. Natürlich nicht im negativen Sinn, also als anonymer Handlungsbeauftragter, ähnlich einem Detektiv bei einer Undercover-Recherche. Strohmann Gottes heißt eben: Gott hat in dieser Welt nur unsere Nase, um reinzuriechen. Nur unsere Hände, um anzupacken. Nur unsere Füße, um hinzulaufen. Nur unseren Verstand, um mitzudenken. Nur unser Herz, um mitzufühlen. Er hat nur uns – das ist seine Chance oder sein Problem.

Im Oktober 2023 hat Papst Franziskus zum 150. Geburtstag der Heiligen Therese von Lisieux ein Schreiben zur Bedeutung der Liebe veröffentlicht. Es heißt *C'est la confiance* nach einem Zitat der Heiligen: »Das Vertrauen und nichts als das Vertrauen soll uns zur Liebe führen«. Der Papst tritt für eine Neuausrichtung der Morallehre der Kirche aus dem Geist der Liebe ein: »Das Zentrum der christlichen Moral ist die Liebe. Die Werke der Nächstenliebe sind der vollkommenste Ausdruck der inneren Gnade des Geistes. Am Ende zählt nur die Liebe«. Das Apostolische Schreiben, veröffentlicht während der Versammlung der Weltsynode, spiegelt konzentriert das Anliegen der synodalen Versammlung, wenn Franziskus schreibt: »Nicht alles ist gleichermaßen zentral; denn es gibt eine Ordnung oder Hierarchie unter den Wahrheiten der Kirche. Und das gilt sowohl für die Glaubensdogmen als auch für die gesamte Lehre der Kirche, einschließlich der Morallehre.« Am Ende zählt nur die Liebe. Hier klingt das berühmte Wort des Heiligen Augustinus an: Liebe und tu, was du willst. Auf Lateinisch, der Sprache des Kirchenlehrers, hört es sich knackiger an: *Ama et fac, quod vis.*

Wie viel Liebe reicht, um in den Himmel zu kommen, illustriert eine ganz kurze Geschichte, auch von Leo Tolstoi. Ein Bösewicht steht an der Himmelstür. Die Engel suchen in seinem Leben nach guten Taten, welche die Tür öffnen. Sie finden nichts. Nach langer Suche ein winziger Treffer: Einmal hat er einem Hund einen Knochen hingeworfen, nachdem er das Kotelett verspeist hatte. Das reicht, um in den Himmel zu kommen.

Eine tröstliche Geschichte. Man sollte es aber nicht darauf anlegen, sondern sich lieber als irdische Strohfrau oder Strohmann Gottes betätigen.

Der Schuster Martin erinnert natürlich an den heiligen Martin, der dem frierenden Bettler – Christus – die Hälfte seines Mantels überlässt, und an viele andere Geschichten, Legenden, Heilige. Alle lenken den Blick auf eine nicht märchenhafte, sondern konkrete Wirklichkeit: Menschen in Not, denen wir im Alltag begegnen, sind unsere Gottesbegegnungen. In unserem Veedel begegne ich Gott jeden Tag. Zugegeben: Nicht immer ist das angenehm und erfreulich, weil Gott ja in Menschen zu mir kommt, die mal so und mal so sind. Da liegt kein Weihrauchduft in der Luft, oft sind handfeste Probleme zu lösen, manchmal muss ich klare Kante zeigen. Aber wenn ich zurückblicke: Ich danke Gott für diese Begegnungen. Nicht wenige von Ihnen werden ähnliche Erfahrungen gemacht haben, wobei Menschen in Not ja nicht nur die materiell Armen sind. Not ist vielfältig. Gott begegnet uns vielfältig. Wenn wir in diesen Begegnungen tätig werden, stellt sich die Frage nach dem Sinn nicht. Der Sinn vollzieht sich im Tun. Dafür bin ich dankbar – das Übrige, die Bewahrung eines sinnvollen Lebens, überlasse ich getrost dem Herrgott.

Das Versprechen der Religion

Ich muss aber fragen: Ist der Preis der Freiheit des Kosmos nicht zu hoch? Sind Verfall und Leid nicht übermächtig, muss da nicht jeder Gedanke an Erlösung verdunsten?

Religion ist immer das Versprechen, dass Ordnung und Leben letzten Endes über den universalen Zufall und Verfall triumphieren werden.

In der Beobachtung der Natur, in der Beobachtung des Kosmos, können wir nur von Sieg und Niederlage, von einem dauernden Kreislauf reden. Es stimmt, im Sterben steckt der Baustein des neuen Lebens, im Weizenkorn, das vergeht, steckt die neue Frucht, nach dem Herbst kommt wieder der Frühling. Eine ständige Wieder- und Anders-Verwendung in einem Kreislauf.

Religion ist der Glaube daran, dass dieser Ablauf nicht dem reinen – und sinnlosen – Zufall überlassen ist. Dass es also jenseits des Vergehens, des Absterbens, des Todes ein Leben gibt, das trägt. Dass es Erlösung gibt, Rettung aus der Vorstellung, jedes Wesen, Pflanze, Tier oder Mensch, sei nur eine Zufallserscheinung im Ablauf des Kosmos. Der Glaube an Erlösung wendet sich gegen die Beliebigkeit.

Der Glaube an Ostern bezeugt die Überzeugung von einem grundsätzlichen Sieg über den Tod! Auferstehung heißt also auch Erlösung von der Natur und Erlösung der Natur, vom Kreislauf des Werdens und Vergehens, von der unerbittlichen Erfahrung des Sterbens. Erlösung von der einseitigen Erfahrung des Kosmos als bloß vergänglichem.

Das Kreuz, an dem Jesus stirbt, ist die Zusammenfassung aller endlichen Erfahrung der Welt. Auch Jesu Leben vergeht, nichts – auch er nicht – hat scheinbar Bestand für immer. Auferstehung geschieht eben auch *trotz* des Kreuzes, trotz des dem

Kosmos innewohnenden Prinzips des Vergehens, des Verdunstens, trotz der vorläufigen Erfahrung, dass letztendlich alle Materie kommt und vergeht, dass es Frühling und Herbst nicht nur in der Natur unserer Erde, sondern im ganzen Kosmos gibt.

Erlösung heißt: In der Unendlichkeit des Kosmos bin ich als Einzelner gemeint, ich, meine Person. Im Ablauf des Kosmos bin ich ja scheinbar unwichtig, ich werde und vergehe. Jeder Schmetterling, jeder Mensch ist nach dem Gesetz der Natur ein Stafettenläufer: Er erhält den Stab des Lebens und gibt ihn weiter.

Im Blick auf den Kosmos geht es darum, den Sinn des Schmerzes zu bewahren, das einzige, was wirklich mein ist, zu erhalten, meine Identität, mein Recht auf den Bestand, die Bedeutung meiner Person. Was nützt es mir, wenn ich weiß, dass meine Lebensbausteine morgen oder übermorgen verarbeitet sind in Gestalten von neuem, anderem Leben, wenn aber in diesem Prozess außer ein paar Molekülen, die auch nicht mir gehören, nichts Eigentliches von mir bleibt. Im Römerbrief des Paulus steht aber: »Die Schöpfung wartet sehnsüchtig auf das Offenbarwerden der Kinder Gottes. Gewiss, die Schöpfung ist der Nichtigkeit unterworfen, nicht aus eigenem Willen, sondern durch den, der sie unterworfen hat, auf Hoffnung hin: Denn auch sie, die Schöpfung, soll von der Knechtschaft der Vergänglichkeit befreit werden zur Freiheit und Herrlichkeit der Kinder Gottes« (8,19–21). »Knechtschaft der Vergänglichkeit«: ein starkes Wort über eine der Freiheit überlassene Schöpfung, es kennzeichnet den ganzen Kosmos. Dagegen steht die andere Freiheit der Auferstehung.

Erlösung sagt mir zu: Du bleibst. Ostern bedeutet: Dein Leben hat Bestand für immer. Und das als Geschenk. Nicht durch unsere Anstrengung. Nicht durch die scheinbare Freiheit, die uns die Wissenschaft und der Fortschritt verheißen: Freiheit von Krankheit und Not, von Hunger und Krieg – gerade entfernen wir uns von diesen Zielen, anstatt sie immer mehr zu verwirklichen. Selbst der Sieg des Menschen über den Kreislauf der Natur durch das Fortschreiten seiner Vernunft gebiert ja neue Formen des Todes: Vormarsch der Wüsten, Vermehrung des Hungers durch rein egoistischen Gebrauch der technischen Möglichkeiten, Sterben der Wälder, Beeinträchtigung des natürlichen Ablaufes der Jahreszeiten, Pflanzen- und Tierarten verschwinden, der Mensch bringt seine eigene Spezies in Gefahr.

Vielleicht führt uns die Vorahnung der ökologischen Katastrophe zu einem vertieften Verständnis des Ostergeheimnisses unserer Erlösung: Dass wir nicht aus unserer eigenen Kraft das Gesetz von Werden und Vergehen überwinden, sondern uns fügen müssen in die Gesetze des Kosmos. Dass uns Erlösung geschenkt wird.

Das beten wir schon immer in der Karwoche: »Wir preisen dich, Jesus Christus, denn durch dein Kreuz und Leiden hast du die Welt erlöst.«

Demut, Erinnerung, Zuversicht

Was kann das für unser Verhalten als Erlöste bedeuten? Kann es uns von der Hybris der totalen Machbarkeit befreien?

Die Schöpfung seufzt und stöhnt in Erwartung der Erlösung. Die Knechtschaft der Vergänglichkeit, des Todes, wird uns als Konstruktionsmerkmal des gesamten Kosmos immer mehr bewusst. Alles bleibt nur, solange es festgehalten wird. Aus unserer Kraft erhalten wir nichts auf Dauer. Was wir festhalten können, ist die Erinnerung an den, der in unsere Vergänglichkeit hineingekommen ist: »geboren von der Jungfrau Maria«. Von dem es auch heißt: »Er ist hinabgestiegen in das Reich des Todes.« Hinabgestiegen in unseren Kosmos, der von Werden und Vergehen, von der Unwägbarkeit des Leids bestimmt ist.

Wenn ich mit dem Glaubensbekenntnis bete »geboren von der Jungfrau Maria«, so denke ich nicht an eine Jungfrauengeburt im medizinischen, naturwissenschaftlichen Sinn. Ich weiß ja, dass in verschiedenen Religionen der Gedanke vorkommt, Gott wende sich aus einer Jungfrau geboren der Welt zu.

Der Evangelist Lukas berichtet, dass die schwangere Maria sich zu ihrer Tante Elisabeth aufmacht. Bei der Begrüßung hüpft das Kind der Tante in ihrem Leib. Es ist Johannes, der später Jesus taufen wird. Nun legt Lukas der Maria den wunderbaren Hymnus des Magnifikats in den Mund, der poetisch verdichtet, was Gott mit Maria vorhat. Wer das liest oder hört, kann verstehen, was »Jungfrauengeburt« meint:

»Meine Seele preist die Größe des Herrn,
und mein Geist jubelt über Gott, meinen Retter.
Denn auf die Niedrigkeit seiner Magd hat er geschaut.
Siehe von nun an preisen mich selig alle Geschlechter«
(1, 46-48).

Später im Hymnus wird es dann sogar politisch:

»Er stürzt die Mächtigen vom Thron
und erhöht die Niedrigen.
Die Hungernden beschenkt er mit seinen Gaben
und lässt die Reichen leer ausgehn.« (1, 52-53)

Im Magnifikat verbünden sich Politik und Poesie.

Jesu Dasein in unserer Welt ist Ereignis, Aktion, nicht nur Gedanke. Er sagt von sich: Ich bin euch Weg, Wahrheit, Leben. Nur weil er uns liebt, kann er Leiden tragen, überwinden.

Gott leidet also lieber mit seiner Schöpfung, als die Freiheit der Schöpfung zurückzunehmen. Denn nur, wenn wir Gott in Freiheit begegnen, können wir zur Liebe finden, zum Dialog mit Gott, der unsere endgültige Bestimmung ist. Das, die Freiheit als Bedingung echter Liebe, gilt natürlich auch für die echte Liebe zwischen zwei Menschen.

Jesus sagt: Euer Herz sei ohne Angst! Glaubt doch Gott und mir! (Vgl. Joh 14,1). Was sollen wir ihm glauben, was bietet er uns an?

Er bietet uns an, dass uns Gott Wohnung besorgt. Heimat (Joh 14,2). Dass wir nicht zu verzweifeln brauchen, wenn wir erkennen, wie unbehaust unsere Welt, wie unwägbar die Entwicklung des Kosmos, wie begrenzt die Möglichkeiten des Denkens auch bei der »Krone der Schöpfung«, bei uns Menschen sind.

Euer Herz sei ohne Angst. Denn er ist auferstanden trotz des Kreuzes, trotz des Leids, trotz der Erfahrung der Sinnlosigkeit. Vertraut darauf, dass ihr in dieser Welt reif werdet für die Erkenntnis Gottes. Denn Evolution heißt nicht nur, dass Energie verschlissen wird, dass Verengung und Verbrauch geschehen nach dem Gesetz der Entropie, sondern auch, dass ein Aufstieg geschieht, der allerdings belastet ist mit der Erfahrung von Leid und Sinnlosigkeit.

Ich sehe und spüre, dass mein Körper immer mehr Spuren der Vergänglichkeit, des Alters, des nahenden Todes aufweist. Noch geht es mir gut, ohne schwere Krankheit, aber mir einzureden, ich sei mit 72 noch so fit wie mit zwanzig, oder selbst wie mit 60, wäre absoluter Quatsch. Ich bin froh und dankbar, dass mein Hirn noch funktioniert (soweit ich das beurteilen kann), aber auch das zeigt Alters- und Verschleißspuren. Alles ganz normal, Evolution eben. Ist das schlimm? Schlimm wären Schmerzen, Dahinsiechen, das geistige Verdämmern und Verschwinden, die Selbstbestimmung über Körper und Geist verlieren. Viele Menschen machen das durch, und denen muss man beistehen. Aber dass ich ein Teil der Evolution bin, alt werde und sterbe, ist nicht schlimm. Es hat seinen Sinn, ich hatte mein Leben und konnte was damit anfangen. Endlosigkeit oder »ewige Jugend« sind mir eher Horror als Ziele, ich wachse lieber, wie früher als Kind, dem mir und jedem Menschen bestimmten Ziel zu.

Wir Menschen verbrauchen uns im Laufe unseres Lebens; wir leben auf den Tod hin. Aber die Welt, der Kosmos, wächst auch in uns hinein. Der Mensch wird reif an der Welt – durch die Gestaltung der Welt und durch die Hinnahme der Grenzen. Wir reifen zur Liebe, zur Weltbeherrschung, zur Erfahrung der Freiheit, ja zur Erfahrung des Bösen. Die Welt wächst in uns.

Im Tod erfahren wir den völligen Verlust an äußerer Energie. Aber wir nehmen die Welt, die unser geworden ist, mit in den Tod. Im Tod ist dem Menschen die Welt total verinnerlicht, bleibend aufgehoben in seiner Person. In seinen Tod bringt der Mensch die Ernte der Zeit ein, die eigene, gereifte Frucht der Geschichte. Wir sind so geworden, wie wir im Tod sind. So wie wir sind, nehmen wir Wohnung bei Gott. Das Leben in der Beschränkung unseres Kosmos, in der Erfahrung des Leids, findet seine Erfüllung bei Gott.

Meine Mutter durfte nicht schnell sterben, sondern war lange an das Bett gebunden. Sie wünschte sich den Tod. Sie sagte: »Hätte ich doch nicht den Herzschrittmacher, dann wäre ich früher erlöst.« Eine meiner Freundinnen besuchte sie jede Woche und las ihr vor. Dafür war und bin ich sehr dankbar. Denn obwohl ich meine Mutter jeden Tag im Seniorenheim besuchte, ist es doch etwas anderes, von Frau zu Frau sprechen zu können.

Meine Mutter wünschte sich wiederholt, das Märchen vom »kleinen Mädchen mit den Streichhölzern« zu hören. Das schenkte ihr Trost. So haben wir es auch als CD besorgt.

Hans Christian Anderson schrieb 1845 das Märchen, das Weltruhm erreichte. Noch eine einfache Geschichte: *Das kleine Mädchen mit den Schwefelhölzern* zieht an einem kalten Silvesterabend durch die Straßen der Stadt. Es soll Zündhölzer verkaufen, um die Familie damit zu ernähren. Den ganzen Tag hat keine Bürgerin, kein Bürger dem Mädchen Beachtung geschenkt, geschweige ihm etwas abgekauft. Nun traut sich das Kind im viel zu dünnen Kleid nicht nach Hause, der gewalttägige Vater würde es für den Misserfolg auch noch bestrafen. Es friert. Es sieht die erleuchteten Fenster, hinter denen Menschen bei Festessen zusammensitzen und den Anbruch des neuen Jahres erwarten. Das Mädchen kauert sich zwischen zwei Stadthäuser. Seine Füße sind eiskalt, es kann sie nicht mehr wärmen, dann friert der ganze Körper. In der Not und obwohl es ihm verboten ist, zündet das Mädchen ein Streichholz an. Der Lichtschein imaginiert ihm einen wärmenden Ofen und ein Zuhause. Er erlischt schnell. Ein zweites Hölzchen wird entzündet, ein drittes, immer weiter. Nun sieht das Mädchen auch seine Großmutter im hellen Schein vor den Augen, sie war gut zu ihm, liebte es, sie ist tot. Das Mädchen blickt auf die kleine Flamme eines erlöschenden Streichholzes, in den Sternenhimmel, träumt, ruft der Großmutter zu: »Nimm mich mit dir!« Am Morgen des neuen Jahres sitzt das Mädchen erfroren in der Straße.

Der Trost in dieser traurigen Geschichte, die im 19. Jahrhundert viele reale Vorlagen in den Straßen der wachsenden Städte Europas hatte, der Trost liegt in der Erinnerung: Das Mädchen erinnert sich seiner Großmutter, von der es Zuwendung erfahren hatte. Und in dieser einen guten und bleibenden Erfahrung des Kindes liegt auch seine Hoffnung: auf den Himmel mit ihr. Diese Erinnerung und diese Erwartung nimmt es mit in den Tod. Jede Liebe wünscht sich bei den Liebenden, dass sie »ewig« bleibe. Was »das kleine Mädchen mit den Zündhölzern« außerdem mitnimmt in den Tod – die Kälte des Winters und der Menschen in den Straßen der Stadt, die Gewalt des Vaters, die Armut, der Hunger, das Leid –, bleibt von einem anderen auszugleichen: ein bergendes Zuhause, ein Gastmahl.

Zu unseren machbaren Erfahrungen vor dem Tod gehört es, im Bild des Märchens, Streichhölzer anzuzünden, Licht und Wärme zu verbreiten. Dazu haben wir alle Freiheit. Es fängt einfach damit an, in den Straßen die Augen aufzumachen, andere Menschen zu sehen, sie zu beachten. Was getan werden kann, was zu tun ist, ergibt sich oft in der konkreten Situation. Diese Erfahrungen, jede einzelne und ihre Summe, nehmen wir mit in den eigenen Tod.

Wir leben also hin auf die Erlösung, auf die Erfüllung unserer Hoffnung, dass es trotz der Freiheit, die außer vielem Guten, auf das wir nicht verzichten möchten, auch das Leid und den Tod hervorbringt, auch Rettung, Sicherheit, Erlösung gibt für immer.

Was tun?

Was können wir jetzt, in diesem Kosmos, in unserer Lebenszeit, tun, damit wir Jesus glauben können: Euer Herz sei ohne Angst!?

Wir können Gott Gott sein lassen,
und den Menschen Mensch sein lassen.

Uns also einfügen in die Beschränkung des Kosmos, uns einfühlen in die Freiheitsgeschichte der Welt. Uns betreffen lassen vom Leid, von der Begrenzung unseres Geistes, unsere

Sehnsucht nicht nur auf unsere eigenen Kräfte projizieren. Wir können Gott nicht durch unsere Opfer und durch unsere Anstrengungen allein versöhnen; er lässt ja in dieser Schöpfung das Abwegige, die Fehlentwicklung, das Leid zu. Er ändert es nicht, weil er uns sonst die Freiheit nehmen müsste. Gott ändert für unser Opfer nicht die Welt!

Wir können aber klar erkennen: Wir sind schon erlöst. Dies können wir uns aneignen, ins eigene Innere aufnehmen. Jesus sagt: Ich bin euch Weg, Wahrheit, Leben. Also gehen wir doch über ihn, über seinen Weg. Erlösung heißt dann: Erkennen, dass es sinnvoll ist, wie Jesus zu leben. Als ganze Menschen:

- Zum Guten bereit, aber von der Sünde versucht.
- Von Gott geliebt, aber der Vergänglichkeit unterworfen.
- Zur Freiheit berufen, aber hineingeworfen in die Welt.
- Zur Liebe fähig, aber sprachlos im Dialog.

Paulus fasst es zusammen: »Ich kam nicht zu euch, Brüder und Schwestern, um glänzende Reden oder gelehrte Weisheit vorzutragen, sondern um euch das Geheimnis Gottes zu verkünden. Denn ich hatte mich entschlossen, bei euch nichts zu wissen außer Jesus Christus, und zwar als den Gekreuzigten« (1 Kor 2,1–2). Er hat nichts zu verkünden als den Gottessohn und Menschen am Kreuz. Er zentriert die Hoffnung auf Erlösung auf den, der im Leiden und Sterben den Preis der Freiheit bezahlt.

Ohne ihn wäre die Welt das Riesen-Spielzeug blinder Mächte.

Oder das Spielzeug blinder Menschen, stolz auf ihre schwache Kraft.

Paulus sagt: Ich bin stolz auf das Kreuz Christi.

Ich bin froh über das Kreuz Christi. Denn es zeigt, dass der Gottessohn nicht ausweicht, als es ganz ernst wird. Auch wenn er vorher im Garten Gethsemani zu seinem Vater spricht: »Mein Vater, wenn es möglich ist, lass diesen Kelch an mir vorübergehen« (Mt 26,39; auch bei Markus und Lukas). Er hätte sich verdrücken können …

Jesus macht, was alle Eltern für ihre Kinder tun würden, wenn es darauf ankommt: ihr Leben hergeben. Wenn der Gottessohn das auch macht, kann ich ihm vertrauen.

Kurz vor seinem Tod am Kreuz ruft Jesus mit lauter Stimme: »Mein Gott, mein Gott, warum hast du mich verlassen?« (Mt 27,46; auch bei Markus). Es ist ein Zitat aus Psalm 22, Vers 2. Später im Psalm, in Vers 22, heißt es: »Du hast mir Antwort gegeben.«

Darauf hoffe ich auch: dass Gott mir antwortet.

Ob ich an ein Leben nach dem Tod glaube? Ja.

Nachwort

Mit diesem Buch möchte ich mir auch selbst die Frage beantworten:

Wie kann ich als moderner Mensch Christ sein?

Mein Glaube hat sich seit meiner Kindheit entwickelt und verändert. Ebenso natürlich die Welt und die Kirche.

Im Kern bin ich konservativ, möchte bewahren, was Sinn macht. Doch von Jahr zu Jahr wurde mir klarer, was dann Entwicklung meint. Hierbei haben mich Worte kluger Menschen begleitet.

George Bernard Shaw sagt es fröhlich: »Tradition ist eine Straßenlaterne: dem Klugen leuchtet sie den Weg, der Dumme hält sich an ihr fest.«

Tiefgründiger das Wort von Tomasi di Lampedusa aus seinem Roman *Der Leopard*: »Wenn wir wollen, dass alles so bleibt, wie es ist, dann ist es notwendig, dass sich alles verändert.« Kurz und knapp der Sänger und Dichter Wolf Biermann: »Nur wer sich ändert, bleibt sich treu.«

Der Schweizer Dichter Gottfried Keller sagte es schon im 19. Jahrhundert so: »Lasst uns an dem Alten, so es gut ist, halten. Doch auf altern Grund Neues schaffen zu jeder Stund.«

Dafür gilt es, *vif* zu sein. Also lebendig und kreativ. Ein Wort aus dem Französischen, auf Deutsch nicht sehr gebräuchlich. Doch es erinnert mich an ein Wort des Kirchenvaters Irenäus von Lyon, das mir wichtig geworden ist, »Gloria Dei vivens homo«: Die Ehre Gottes ist der lebendige Mensch.

Eines meiner Vorbilder ist Thomas Morus, der für seine Überzeugung starb. Kurz vor seinem Tod schrieb er aus der Gefangenschaft im Tower of London 1534 an seine Tochter Margret: »So wenig ich mich in das Gewissen anderer einmische, so sicher bin ich, dass mein Gewissen mir allein gehört. Es ist das Letzte, was ein Mensch tun kann für sein Heil, dass er mit sich Eins wird.«

Das Gewissen ist der Hort der Freiheit. »Die Gedanken sind frei, wer kann sie erraten«, heißt es im Lied. Hinzu kommt für mich, was Papst Johannes Paul II. am 23.6.1996 am Brandenburger Tor in Berlin sagte: »Der Mensch ist zur Freiheit berufen. Es gibt keine Freiheit ohne Liebe.«

Als junger Mensch habe ich die Kirche immer als Ort und Garant von Freiheit wie von Liebe erlebt. Wahrscheinlich bin ich auch deswegen Priester geworden. Heute arbeite ich dafür, dass die Menschen es so erleben können wie ich.

Ein Text aus dem 14. Jahrhundert von einer unbekannten Autorin oder Verfasser bringt meine Überzeugung auf den Punkt: »Christus hat keine Hände, nur unsere Hände, um seine Arbeit heute zu tun. Er hat keine Füße, nur unsere Füße, um Menschen auf seinen Weg zu führen. Christus hat keine Lippen, nur unsere Lippen, um den Menschen von ihm zu erzählen. Wir sind die einzige Bibel, die die Öffentlichkeit noch liest. Wir sind Gottes letzte Botschaft, in Taten und Worten geschrieben« (*Kirchenzeitung für das Erzbistum Köln*, 15.5.2020, S. 56).

Seit Beginn meines Studiums hat mich dabei begleitet, was die Synode der deutschen Bistümer (1971 bis 1975) vor fünfzig Jahren im Beschluss »Unsere Hoffnung« formuliert hat: »Die Welt braucht keine Verdopplung ihrer Hoffnungslosigkeit durch Religion; sie braucht und sucht (wenn überhaupt) das Gegengewicht, die Sprengkraft gelebter Hoffnung. Und was wir ihr schulden, ist dies: das Defizit an anschaulich gelebter Hoffnung auszugleichen. In diesem Sinn ist schließlich die Frage nach unserer Gegenwartsverantwortung und Gegenwartsbedeutung die gleiche wie jene nach unserer christlichen

Identität: Sind wir, was wir im Zeugnis unserer Hoffnung bekennen?« Dieser grundlegende Text der Synode stammt wesentlich aus der Feder von Johann Baptist Metz, der 2019 heimgegangen ist. »Unsere Hoffnung« hat den gleichen Sound wie vieles, was Papst Franziskus formuliert.

So hat Franziskus zum Beginn der Weltsynode im Herbst 2023 ein *Apostolisches Mahnschreiben* zur Klimakrise verfasst mit dem Titel *Laudate Deum*, Lobt Gott. Zur Gegenwartsverantwortung, wie es Metz bezeichnet hat, schreibt er: »Die Logik des maximalen Profits zu den niedrigsten Kosten, verschleiert als Rationalität, als Fortschritt und durch illusorische Versprechen, macht jede aufrichtige Sorge um das gemeinsame Haus und jede Sorge um die Förderung der Ausgestoßenen der Gesellschaft unmöglich« (Nr. 31). Starker Tobak!

Ein Wort von Professor Josef Ratzinger, dem späteren Papst Benedikt XVI., hat mich motiviert, mich für möglichst viel Demokratie in der Kirche zu engagieren: »Gott ist nicht nur Logos, sondern Dia-logos«, also nicht nur Vernunft, sondern auch Dialog. Der dreifaltige Gott lebt ja in Beziehung. Um es tiefgründig mit Karl Rahner auszudrücken: »Die innertrinitarische Dreifaltigkeit ist dieselbe wie die ökonomische.« Will heißen: Wir erkennen den Dreifaltigen Gott darin, wie er für uns wirkt – das meint »ökonomisch«.

An dieses Rahner-Wort erinnerte ich mich, als ich kürzlich ein Interview mit dem Soziologen Armin Nassehi las. Im Blick auf das politische System in den USA formulierte er: »Es geht nicht darum, was stimmt, sondern darum, was funktioniert« (*DIE ZEIT*, 5.7.2018, S. 5). Im Dreifaltigen Gott kommt überein, was er ist und was er macht.

Das deutlich zu vermitteln, sehe ich als meine Aufgabe. Anders gesagt: Gottes Stroh-Mann zu sein. Stroh. Aber an der richtigen Stelle als das, wofür es nützlich ist.

Angesichts dieses riesigen Anspruchs gilt es zwei Grundsätze zu beachten: *Ultra posse nemo obligatur*, das heißt: Über seine Fähigkeiten hinaus ist niemand verpflichtet. Und: *Ne quid nimis!* Nichts übertreiben! Vielleicht auch noch: *Dosis facit venenum.* Die Menge macht das Gift. Also nicht alles auf einmal, sondern Schritt für Schritt. Auch ein langer Weg beginnt mit dem ersten Schritt. Und gerade beim Marathon gilt es, am Anfang nicht zu schnell zu laufen.

Nachhaltig beeindruckt hat mich eine Überlegung des verstorbenen Kardinals Volk von Mainz. Er hat gesagt: »Ich wollte, ich wäre ein Vogel, dann könnte ich fliegen. Ich wollte, ich wäre zwei Vögel, dann könnte ich hinter mir herfliegen. Ich wollte, ich wäre drei Vögel, dann könnte ich mich hinter mir herfliegen sehen. Das ist der Mensch.«

Wenn ich mich also von außen betrachte, stelle ich fest, dass ich wohl psychologisch betrachtet zugleich zwanghaft wie hysterisch bin. Dies meine ich nicht als Diagnose einer Erkrankung, sondern als Elemente meiner Person. Wenn man beide Aspekte wahrnimmt und im Griff hat, kann dies ein glückliches Leben fördern. Das Risiko zu scheitern ist allerdings nicht gering.

Zwanghaft bedeutet, dass ich alles gut plane. In 45 Dienstjahren habe ich mich noch nie verspätet. Einmal hat mich unsere Sekretärin gerettet, weil ich 11 und 12 Uhr verwechselt habe. Auch kann ja ein Stau auf der Autobahn so zeitraubend sein, dass ich mich verspäte. Einmal kam ich deswegen drei Minuten vor einem Vortrag an. Aber immer noch pünktlich – weil ich (zwanghaft) immer mit viel Zeitpuffer starte.

Hysterisch bedeutet, dass ich mich jederzeit neu begeistern kann. Neue Ideen machen mich neugierig. Gerne bin ich dabei, wenn die Post abgeht.

Meine zwanghafte Seite hilft mir sehr bei den Fahrten mit der Bundesbahn. Ich fahre jeweils zwei Züge früher, das hilft, pünktlich anzukommen. In der Großstadt Köln bin ich mit dem Rad fast immer schneller als mit dem Auto. Außer am Sonntagmorgen, wenn ich vor dem Gottesdienst Menschen in Seniorenhäusern besuche. Die Straßen sind dann leer, ich bin entspannt.

Anhang

Internetadressen

Gemeinde St. Theodor und St. Elisabeth in Köln Höhenberg-Vingst: *www.kkg-hoevi.de*

Evangelische Kirchengemeinde Vingst–Neubrück–Höhenberg; Erlöserkirche: *www.vingstneubrueckhoehenberg.de*

Die Ökumenische Familienwerkstatt in HöVi: *www.hoevi-oefw.de*

Die ökumenische Kinderstadt HöVi-Land: *www.hoevi-land.de*

»Pastoraler Zukunftsweg« im Erzbistum Köln: *www.erzbistum-koeln.de/erzbistum/pastoraler_zukunftsweg*

Synodenbeschluss »Unsere Hoffnung«: *http://weltkirche.katholisch.de/dokumente/Gemeinsame_Synode_1975_Unsere_Hoffnung.pdf*

Die Konstitution »Lumen gentium« des II. Vatikanischen Konzils: *www.vatican.va/archive/hist_councils/ii_vatican_council/documents/vat-ii_const_19641121_lumen-gentium_ge.html*

Informationen zur Christlichen Soziallehre gibt es

beim Bund katholischer Unternehmer: *www.bku.de*

und bei der Katholischen Arbeitnehmer-Bewegung: *www.kab.de*

Die Enzykliken von Papst Franziskus auf der Seite des Vatikans: *www.vatican.va/content/francesco/de/encyclicals.index.html*

Die Apostolischen Schreiben *Laudate Deum* über die Klimakrise und *C'est la confiance* über die Heilige Therese von Lisieux: *www.vatican.va/content/francesco/de/apost_exhortations.index.html*

»Sternenkinder«, Informationen und Kontaktadressen: *www.dein-sternenkind.eu*

Deutsche Knochenmarkspenderkartei: *www.dkms.de*

Leo Tolstoi, Wo die Liebe ist, da ist auch Gott. Unter dem Titel »Der Schuster Martin« als Video auf Youtube: *www.youtube.com/watch?v=n4UAyIzeq9c*

Kontakt

Franz Meurer erreichen E-Mails an diese Adresse: *franz.meurer@erzbistum-koeln.de*

Dank

Abschnitt für Abschnitt tippe ich in meine mechanische Schreibmaschine, dann ergänze ich, verändere, aktualisiere. Das schicke ich nach und nach meinem Lektor. Der digitalisiert, ordnet, korrigiert, streicht auch einiges. Am Ende steht ein Buch. Danke meinem Lektor Martin Merz. Und allen, die mit Texten, Gedanken und ihrem Mitmachen zu diesem Buch beigetragen haben und es für ein gutes Zusammenleben weiterhin tun.

Franz Meurer